NÃO EXISTE RACISMO

NO BRASIL...

APENAS,

INCOMPREENSÃO!

JEREMIAS F. TORRES

PREFÁCIO

Antes de mais nada, é preciso colocar de lado, parte daquela famosa frase, onde muitos escritores, dizem não ter a mínima pretensão de se fazerem ouvidos, e somente para agradar o pai e a mãe é que escrevem toda uma brochura; somente pelo amor as palavras tão somente é que resolvem perder noites de sono, avançar muitas vezes as madrugadas em busca da tão esperada inspiração, a qual, traiçoeiramente, muitas vezes não comparece. Etc. Excetuando-se parte dessa pretensa humildade, fato é que, longe de desejar atingir o estrelato, pretendo pelo menos, que algum curioso, leia, e entenda, e atenda o apelo disfarçado ao bom senso e ao amor do próximo feito em tão poucas linhas, escritas, é verdade, em momentos de furor e por que não? De revolta... Isso porque, não acredito que uma sociedade como essa, tão, tão, digamos pretensiosa, possa render-se aos apelos de outrem, sem que seus brios sejam postos à prova e de certa forma, seu amor-próprio seja testado.

Longe de mim a pretensão de dizer tudo e a todo custo, lutando para escrever e não dizer nada, não acredito que livros, teorias, frases escritas possam modificar a sociedade, mas, pelo menos, pode fazê-la entender onde erra e o porquê disso!

Isso posto, para àqueles que lêem, para os outros, não há nada que se discutir, uma vez que são cegos e a esse respeito já foi dito algo anteriormente.

Por fim, toda e qualquer espécie de tolerância   espero! Não tenho a intenção de ofender ninguém em particular, o que, infelizmente é muito difícil, quando fala-se de questões atuais, como por exemplo o aqui dito: "Não Há Racismo No Brasil!"

CAPITULO I

A ORIGEM IRRACIONAL DO RACISMO.

Uma das coisas mais vergonhosas, mais irracional, mais brutal, que um ser humano possa alimentar em relação a outro, é sem dúvida alguma o preconceito racial.

Discriminar uma pessoa por seu credo, por sua casta, por sua condição social, é abominável, porém, discrimina-la por seu condição racial é inaceitável!

Evidentemente, nesse momento, existem aqueles que nessa hora, pensam consigo mesmos: ora do que ele está falando, se racismo não existe no Brasil!

Essa posição, obviamente (e hoje eu sei disso), é àquela bastante cômoda do ilustre brasileiro que não admite ser preconceituoso, ter nascido de um lar assim, viver numa sociedade assim e sua consciência de (pretenso) cristão, constrange-lo, quando é confrontado com suja realidade, no que tange a não ser racista. O brasileiro branco é assim.

Passei muito tempo para entender essa verdade.

Hoje, não tenho mais dúvida nenhuma: O Brasil é o país mais preconceituoso da face dessa terra, é por isso, que a desigualdade social aqui é tão gritante, uma vez que, se não se importam com seus iguais, como é que poderiam pensar em seus diferentes? (no caso, os negros).

Sabe quando você começa a despertar de um sonho, começa a olhar em volta, começa a suspeitar que as coisas não são como querem nos fazer crer, nossos contemporâneos brancos? E de repente, tudo aquilo que suspeitava que era verdade, de fato o é?!

Quem chamou minha atenção para a realidade, não foi nem meus iguais e sim um homem branco!

Inútil brasileiros, tentar empurrar a sujeira para debaixo do carpete, (tapete para os pobres como eu). Inútil tentar acreditar que as emissoras de televisão não tentam perpetuar a todo custo o preconceito de cor. Porque não é mera coincidência que todos os principais atores de uma determinada emissora (comprovadamente a mais poderosa), os âncoras do jornalismo sejam brancos!

Não é coincidência que em determinadas cenas de novelas, apareçam os homens brancos tagarelando, trajando vestes luxuosas, bebericando (de araque), enquanto que o miserável negro lá no fundo lave pratos ou quando não, fazendo vezes do garção!

Isso não é coincidência!

Porém, maldade maior fica por conta dos chamados artistas brancos detentores da arte, do dom da palavra, não falarem nada em prol de seus companheiros de trabalho (no caso, os negros).

Afinal de contas, nem todo negro é um Pelé! Esse, o negro mais covarde que o Brasil já conheceu e cuja fama, faz estremecer as sociedades que defendem a igualdade racial, pois, Pelé é uma figura pública, poderoso, não tem mais cor, etc. Será?!

Será que Edson Arantes do Nascimento, nunca parou pra pensar que não fosse sua fortuna, estaria segregado, tanto quanto está noventa e nove por cento da população negra que vive e trabalha aqui no Brasil!

É chegado o momento de colocar o dedo na ferida!

Não com essas poucas linhas que aqui são rabiscadas, mas com a consciência que essa espécie de tolerância por quase toda sociedade, é prejudicial para o desenvolvimento do Brasil e sua política interna e política externa, pois, as grandes nações, apesar de também serem preconceituosas, tratam o negro com mais respeito e não podem admitir a fingida passividade aqui reinante quando se fala de racismo. Mesmo porque, uma grande potência internacional, não vai investir bilhões num país sabidamente preconceituoso, é contraproducente, isso, para não dizer imoral!

Nunca pretendi me envolver em controvérsias que culminasse ao final, sempre numa espécie de retaliação de alguma parte!

Parei para refletir sobre o fato e finalmente cai na real: minha postura no fundo seria a mesma daqueles que acham não haver preconceito e tudo deve permanecer como está, nada deve mudar, aqui coabitam brancos, negros, e pardos... obviamente isso é verdade, pois vivem à maneira da água, do óleo e do azeite. Até pode ser que o óleo ao azeite se funda, mas quanto a água, isso NUNCA vai acontecer!

Por fim, fui despertado do meu sono eterno, quando comecei tentar entender as chamadas "AÇÕES AFIRMATIVAS', mais precisamente no que diz respeito, à política de Cotas para negros e pardos e num determinado artigo vi ali estampado: "o fato é que o racismo antinegro existente no Brasil foi dissimulado pelo mito da democracia racial!" (Luiz Fernando M. Silva), ou seja, NUNCA EXISTIU IGUALDADE RACIAL, o que existiu foi uma pretensa tolerância da parcela dominante, tentando fazer alguns brasileiros, (porque a grande maioria é racista, hoje

eu sei disso), a América Latina e o mundo, que o

Brasil é um país lindo de se viver.

CAPÍTULO II

O PIOR PAÍS TAMBÉM TEM VIRTUDES

Porém, existe coisas inexplicáveis aos defensores dessa política de "dissimulação racista econômica" vigente no país: como pode um país notadamente racista como é os Estados Unidos da América, negros ocuparem cargos importantíssimos, seja na cultura, na arte em geral, na política, nas finanças, nas artes militares e aqui no Brasil, só encontram ocupação para o negro, principalmente na mídia, como engraxate, garçom ou comumente na tv apresenta, como ladrão!

Não é curioso um país tão discriminador, dar tantas oportunidades para os seus negros, enquanto o Brasil, o país da "democracia", não sobrar lugar para o negro?

Esse tipo de coisa, causa uma grande confusão na cabeça dos negros desavisados, pois, não entendem absolutamente nada, inclusive como um negro, como ocorreu ao antigo ocupante de um dos cargos mais importantes da face da Terra (Gal. Collins Powell), comandar o exército mais poderoso do mundo?

Aqui no Brasil, o posto mais alto que o negro atinge na Polícia Militar, no Exército, na Polícia Civil, no Ministério Público e Poder

Judiciário é o de sempre subalterno, reserva, substituto, etc., E os líderes desses órgãos, sabem muito bem do que estou falando.

Quando um outro, consegue destaque, é daquele forma: trabalhando muito mais, demonstrando muito mais e tendo que provar todos os dias que é capaz, o que não acontece com o seus colega branco. Esses últimos, só tem que relaxar e descansar, deixando a cargo da sociedade, o trabalho sujo de discriminar, ironizar!

Falando de mim, felizmente, nunca sofri uma afronta direta e nem poderia ser de outra forma, uma vez, que a estratégia dos brasileiros: é discriminar e dissimular e tem dado certo, ao longo dos séculos. Convenhamos que é uma super estratégia! Uma vez que não ferindo o amor próprio de ninguém diretamente, o regime tende a se perpetuar ao longo dos anos. Como eu fui tão estúpido ao ponto de nunca ter percebido isso.

Hoje, porém, quando relembro o meu passado e juntando os fatos, eu também fui vítima, direta e indireta do DISSIMULADO preconceito racial existente no Brasil, desde à escravidão e principalmente a partir do momento que aquela Princesa, por obrigação, finalmente, por pressão internacional principalmente, foi obrigada a assinar a Lei Áurea.

Os escravocratas já vinham sofrendo grandes baixas, quando seus navios negreiros eram interceptados pela esquadra inglesa e os negros repatriados a seus país, (comumente Angola) antes de serem tornados escravos!

Voltando ao plano artístico, um outro negro atua no meio, mas simplesmente porque, depois de muitos anos, passou a gozar da simpatia de seus senhores, ou melhor de seus superiores, assim, como antigamente o senhor da casa grande simpatizava com determinado escravo, arrebatava-o do meio de seus iguais e o colocava como "reprodutor" da senzala, assim como se coloca um bode para procriar, um boi, um cavalo, etc.

Tenho certeza, que se em um espaço de tempo muito breve, se escrevesse centenas de livros, fizesse-se dezenas de documentários, relatando o sofrimento porque passou o povo negro nessa terra brasileira, jamais conseguiriam traduzir em frases, em cenas, o que essa gente padeceu em dor!

E por esse fato, e por outras tantas coisas, não sou feliz aqui! E por essas e outras coisas, preferiria habitar uma nação comprovadamente racista, mas que me permitisse trabalhar, disputar cargos igualmente, ocupar uma posição que me proporcionasse estabilidade financeira, fazer aquilo que goste, sem ser olhado de cima para baixo e algum talento ser desprezado, simplesmente porque eu não tenho a pele alva como a neve e olhos azuis como o céu.

Porém, antes de seguir adiante, gostaria de lembrar àqueles que pensam assim, que Hitler tinha essa concepção, tinha essa mesma compleição física e fez o que fez, além de ter matado milhares de Judeus e eu sei que vocês que choram a morte daquele povo (nos campos de concentração nazistas), nunca parou pra pensar, que é conivente com aquilo, toda vez que ignora que nos navios negreiros, nas fazendas brasileiras, milhares de negros foram chacinados por causa de sua cor, inclusive senhoras, crianças, adolescentes, e você o que faz? Vira as costas...

Você que chora ao assistir a Saga trazida a tela por Stevie Spielberg, sobre o

Holocausto, ignora plenamente (ou faz questão de não lembrar) que o Brasil foi palco de uma das maiores maldades perpretadas contra um povo e isso, pouco tempo antes de ocorrer o fato citado!

Com esses argumentos, até então expostos, torna-se evidente os fatos: o Brasil é um país racista, seu povo é preconceituoso e não admite tocar no assunto!

Enquanto não houver uma espécie de implosão no centro dessa forma distorcida de observar pessoas, o Brasil será isso que se vê e a população mundial conhece: o país do futebol e do carnaval tão somente. Um país, de braços abertos, não para demonstrar a igualdade entre os povos, mas sim, para dizer que tudo de ruim pode trazer para cá... tudo é bem aceito e tolerado: desde George Bush até Ronald Biggs, desde Paulo Maluf até Pelé; desde Fernandinho Beira-Mar até os parentes de Osama Bin Laden; desde o preconceito social ao preconceito racial!

CAPÍTULO III

A FRATERNIDADE DA PERIFERIA

Essa fraternidade que ocorre nesses "botecos de periferia", quando do término de uma partida e uma vitória "corintiana" vem à baila, onde negros, pardos, índios e brancos, se abraçam, é falsa...

Tudo é por efeito dos alcoólicos estonteantes!

Passado o efeito tudo volta ao que era antes: aquele lembra-se que é branco e outro que é negro e tudo volta ao anormal, normal!

Isso sem falar-se do fato, que se os homens da lei, fizerem a chamada "abordagem de rotina", o pobre negro, já está condenado, antes mesmo de ser revistado, enquanto que o traficante branco, escapa pela tangente...

Ora, não se tem como abordar um tema tão complexo, sem ter que enfiar o dedo na ferida aberta dessa sociedade promíscua, preocupada principalmente em consumir, possuir, se apoderar, nada de dividir, respeitar!

Essa passividade aparente, me incomoda demais, porque ela inexiste!

Existe pessoas importantes, muito importantes, esperançosas de que as coisas permaneçam exatamente do jeito que está, ou seja, o negro mantido em seu cativeiro de sulbaternidade, relegado a segundo plano e obrigado a crer, que a única diversão que lhe é acessível é o futebol e o carnaval, e eu estou aqui pra falar que é MENTIRA!

Estou aqui pra falar: negros existe uma arma muito poderosa que pode estar ao alcance de todos, mas o negro ainda não teve total acesso: a leitura! o conhecimento!

E mais: nem só de futebol viverá o homem!

Mesmo porque nos países da Europa, onde jogadores brasileiros famosos fizeram suas carreira, ganharam rios de dinheiro, fizeram fama, há o preconceito descabido, violento, causado pela insanidade de toda aquela gente, acreditar piamente ainda, na teoria da raça ariana do louco! E gritar em altos brados pra todo mundo ver, que são racistas e fazem questão de mostrarem isso!

Enquanto aqui, nos recônditos das mansões e no reduto da classe social, mais privilegiada, há uma total comemoração em secreto, por lá eles manifestarem em palavras o que aqui no Brasil é manifestada em atos, todos os dias, há dezenas de anos, há muito mais de um século!

Essas torcidas organizadas, é o exemplo que tanto gosta a sociedade racista brasileira, ao afirmarem: vejam como somos unidos, negros, pardos, chineses, japoneses, brancos, etc., todos juntos, que bonito, que coisa linda (só pra inglês ver).

Se por um âmbito geral, há o aspecto discriminatório contra povos de outras etnias, contra o negro, a coisa é muito mais séria, ainda que esse negro seja brasileiro.

A tal ponto, que os racistas são capazes de defenderem outras culturas de outros povos, desde que não represente uma ameaça a sua maneira de agir e de pensar: ou seja : a manutenção do racismo! Isso, para mim, no meu curto entendimento é ALTA TRAIÇÃO, mas, como diz o ditado: pelo fato de serem brancos eles se entendem, SERÁ?!

Somente de uns tempos para cá, comecei a notar como é gritante a discriminação, a segregação nacional, o chamado "apartheid constitucional".

Já que chegou a esse pé, por que não encarar a realidade e passar desde já a pleitear justiça e igualdade, através da consolidação de DUAS CONSTITUIÇÕES, DOIS CÓDIGOS PENAIS, etc., uma vez que existe dois pesos e duas medidas e os Juízes, quando julgam, conscientemente e inconscientemente, além de obviamente levarem em consideração a posição social do indivíduo, levam em conta, principalmente a cor do réu!

Outro dia, assistindo uma palestra, ouvi uma senhora de muito boa vontade, comentar (talvez sem nenhuma maldade), que trabalhara com uma pessoa de tez negra, tendo observado (segundo ela), que esse pessoa, antes de ser discriminada, se auto-discriminava, será?!

Tenho certeza, de que se fosse há alguns anos atrás, até poderia dar razão a seus argumentos, mas atualmente, com a quantidade de material que tenho em mãos, discordo em gênero, número e grau desse ponto de vista, por diversas maneiras, por questões óbvias. Mesmo porque, ainda que o indivíduo persuada-se que é inferior, se faz parte de uma sociedade compreensiva, seus valores são respeitados e nunca se sentirá sozinho!

Senão vejamos, a falta de sustentação dessa teoria tão em voga aqui no Brasil!

Se uma pessoa., sente a necessidade de se isolar, de ignorar, de se afastar, de fugir, alguma houve ou há!

Como foi a infância desse indivíduo? Segundo os psicólogos, boa parte de todo comportamento que essa pessoa terá ao longo de sua existência, foi formado, constituído, quando tinha até cinco anos de idade. O que, somente por esse aspecto for levado o fato em consideração, o que terá suportado desde então, para ser tão taciturno?

Por fim, a vida finalmente forma o homem!

Fruto de uma sociedade discriminatória, não há indivíduo perfeito!

Objeto de sarcasmo ao longo da vida, é difícil fazer surgir um CRISTO ao invés de um revoltado. No entanto, a sociedade tem a ousadia de cobrar dessa pessoa, uma atitude que ela nunca lhe demonstrou!

Em resumo plantou vento e quer colher brisa!

Plantou pedra e quer colher frutas doces...

É difícil, muito difícil isso acontecer!

Por fim, ainda não satisfeita, quer culpabilizar a vítima, ao invés de punir o algoz!

A esse respeito, lembrei-me de uma famosa frase de Dostoievski que dizia: "do rio que arrasta tudo se diz violento, mas não se diz violentas as margens que o oprimem!" Ou seja, cercear-se o indivíduo de todas as maneiras e formas, e ainda por cima, exige-se que comporte-se como "um bom menino!"

Assim, numa surpreendente palestra, uma senhora vem me dizer que uma tal pessoa se auto-discrimina, antes de ser discriminada. Posso mesmo afirmar, que por esse aspecto, a coisa

funciona ao contrário!

CAPÍTULO IV

A COR DO PECADO

Me incomoda o fato, e eu não vou mais ter vergonha de admitir isso, de entrar numa loja, no shopping e ser observado, como bandido, como cidadão de segunda categoria.

Incomoda, não necessariamente pelo fato de ser discriminado por minha cor, mas, pelo fato de um indivíduo qualquer, subestimar a minha inteligência me chamando indiretamente de incapaz, e isso eu não aceito e isso eu não vou admitir nem aceitar!

A coisa está assumindo o aspecto tão grave, que os próprios ministros, estão sendo obrigados, por dever de consciência, diga-se bem, a favorecerem em sentenças, aqueles seres, que a elite brasileira, menosprezou, "sacaneou", escravizou e longe de mendigarem pão, emprego ou coisa assim, pleiteia, principalmente dignidade, justiça, que foram roubadas quando aqueles navios negreiros desembarcaram trazendo a futura mão-de-obra para as lavouras cafeeiras e açucareira...

Aquela figura sobre Adão e Eva, mostrando que se tornaram conscientes (e não pecadores) quando passaram a se observar e a observar os outros, houve o mesmo comigo. A partir do instante, que li determinado artigo, algo estranho comigo aconteceu: passei a conhecer a VERDADE! E não digo que ela me libertou, mas, me deu a consciência da realidade para poder lutar.

Há algum tempo atrás, eu em minha rudimentar ignorância (e isso é fato passado), não entendia muito bem, porque nos Estados Unidos, houve a necessidade da consolidação de movimentos negros, em prol da defesa do interesse dos mesmos, como por exemplo "Os Panteras Negras!", individualmente como o "Malcolm X" e o grande líder negro, hoje aqui no Brasil, mais atual do que nunca, Martin Luther King e seu célebre discurso "I Have Dream!"

Se assim não fosse, nada dos benefícios que conquistaram os negros americanos existiriam, apesar da intolerância racial, também ali existente. Volto a frisar, os negros não querem esmolas e nem oportunidades especiais, e sim, simplesmente o direito de lutar com igualdade de chance e é bastante lícito e pertinaz cobrar isso dos brasileiros, pois são devedores de reparações, devido a tanta maldade, tanto crime, que levado à cabo, em defesa da manutenção da escravatura.

Não é possível calar mais qualquer pessoa desde que essa lute por direito de igualdade e de justiça. Seja na política, seja na música, etc. Está em dúvida? Olhe a história: Gandhi, Sócrates, Platão, Jesus Cristo, Santo Agostinho, Galileu

Galilei, Cruz e Souza, Augusto dos Anjos, o próprio Luther King, apesar das falhas, Júlio César, Alexandre Magno, John Lennon, Elvis Presley.

Pode ser que a história, não os nomeiem individualmente cada um, mas suas obras nunca serão esquecidas. Porém, faltou alguém que a história ainda não rendeu as devidas homenagens, mas, foi através dele que iniciou-se a resistência ao regime de escravidão e, quando todas as coisas forem restabelecidas ele será trazido à conta do que sempre foi e por medo, temor, nunca admitiram: herói. O grande herói "Zumbi dos Palmares". Mas, Pelé não!

Essa convivência pacífica, é simplesmente uma maneira, de (os brancos) não se perder o que já se tem e (os negros) não conquistar coisíssima nenhuma, nem se imobilizar, não lutar, não se posicionar contra a discriminação!

O Brasil é preconceituoso a tal ponto, que pode permitir um indivíduo (branco), nascido das camadas mais ínfimas da sociedade, chegar a atingir o posto máximo em qualquer empresa, mesmo no âmago do poder público, se se empenhar, mas, aos negros, ainda que possuam todas as qualificações possíveis, será sempre objeto de retaliações, e nunca chegará a lugar nenhum!

Até quando tal estado de coisas vai existir?!

O Brasil criou resistência para propor a libertação dos escravos propriamente dita, mas, por fim, cedeu depois de muito sangue derramado. E vai ser do mesmo jeito, embora não haja nenhuma necessidade de se derramar uma única gota de sangue, uma vez o principal "acionistas das ações brasileiras", sugere um melhor caminho para o entendimento: o democrático. De modos que, é a hora, dessa hipocrisia democrática aqui reinante ter um fim, e passar a ser como tem que ser: conceder direitos iguais para todos, independente de raça, religião, sexo, etc.

CAPÍTULO V

FREUD, TALVEZ NÃO EXPLIQUE TUDO!

Há ainda o fator principal e culminante na ordem geral do racismo e do preconceito, que ninguém tem o direito e nem ousaria modificar: o aspecto psicológico. É contraditório, mas, quando há uma reivindicação de direito legitimamente garantido, pouco interessa como pensa e o que pensa tal ou tal indivíduo a respeito disso e daquilo, pois, questiona-se e pleiteia-se justiça, o que não quer dizer que uma pessoa deva aceitar uma forma de pensar do outro, mas, deve saber ser necessário obedecer a leis VERDADEIRAMENTE elaboradas com o intuito de estabelecer a ordem igualitária entre a sociedade e fazer o direito àquele que necessita, quando vê os seus limites cerceados por uma série de normas e decretos, que o põe sempre à margem, distante, passivo. Exemplo: a lei do racismo. Inafiançável. Quantas pessoas foram presa e processadas por discriminarem descaradamente o semelhante?!

Quantas vezes a justiça se manifestou para fazer valer a sua força, para vir a público e taxativamente declarar, que existe condenação por causa do racismo?!

Como foi dito anteriormente, pelo mito da democracia racial, psiu! É preciso falar baixinho, para não despertar os mortos e não chamar a atenção da imprensa internacional para a principal DESIGUALDADE que existe, aliás, há muito antecessora da social, a racial!

Tenho aqui comigo, em mãos, cópia de um exemplar do JORNAL DO COMÉRCIO Rio de Janeiro, em sua edição de Nº 198, do dia 19 de julho, uma quinta-feira, do ano de 1855, com vários classificados sobre a venda de escravos a "preços módicos!". E isso, há pouco mais de cem anos. É muito pouco tempo, para que os descendentes dos senhores de engenho, tenham alcançado maturidade suficiente, para conseguir encarar um negro como seu igual... é muito difícil, daí toda a dificuldade, para a aceitação da democracia total, geral e irrestrita, assim como manda em seu princípio rudimentar e primitivo: governo do povo, para o povo e pelo povo...

Agora, é impossível falar sobre "tentativa" de erradicar de vez esse grande mal que é o racismo do seio da sociedade, sem citar um dos maiores defensores da causa negra no Brasil, o grande poeta Castro Alves, que, por ostentar sem medo perante a sociedade escravocrata sua posição, foi violentamente ferido a bala, ferimento este, causador de sua morte, pela evolução do ferimento!

Ao contrário do que eu imaginava, essas pessoas que asseveram não existir racismo, mas, não fazem que ostentar uma postura "não racista" aparentemente e em sua privacidade, são ferrenhos defensores das ideias brilhantes, do ditador na nazista, quando em mais um momento seu de insanidade, escreveu o seu estúpido livro, intitulado: "Mein Kumpf" (O Meu Ideal, ou seja, o ideal dele).

Uma coisa é certa: ao longo da história do mundo, não houve uma única nação que se tem notícia, que conseguiu manter viva e intocável sua história, se enveredou pela depravação ou pela escravidão do seu povo. Eis Roma. Roma era para ser hoje, o primeiro país do mundo, mas sua luxúria e sua indiferença perante o direito do semelhante, culminou com sua precoce morte como superpotência.

O Brasil, além de não ter histórias enobrecedoras do seu passado muito menos política econômica promissora para o seu futuro, ainda tem uma CHAGA aberta muito grande, que ainda não foi curada. Pois, cada vez que esse tema vem a tona, há uma multidão de intelectuais, se adiantando e mandando esquecer esse incidente "mal contado!"

Essa postura me lembra bem, a daquelas pessoas (geralmente, de grandes posses), os quais, recusam-se a olhar para os pobres (e obviamente para a pobreza), pois temem, serem contaminados, por sentimentalismo exagerado! (é o que dizem!)

Se é vergonhoso essa espécie de comportamento, percursora da destruição da fraternidade, quanto mais àquela postura, que se recusa a aceitar que o racismo sempre existiu e nunca esteve tão fortemente arraigado, fundamentado e justificado, o quanto agora!

Quantos candidatos negros disputaram a última eleição?

Quantos negros foram eleitos Deputados (seja Federal, Estadual);

Quantos eleitos prefeitos, governadores, desembargadores?

Logicamente, estou indo além, ao citar cargos tão importantes para colocação do negro. Aliás, nem precisa tanto. Pra começar, bastaria um negro presidente do Brasil!

A bem da verdade, para reparar essa injustiça perpetuada ao longo desses bons cento e cinquenta anos, somente o Congresso Nacional, Câmara dos Deputados (esse reduto de homens frios), ceder cinquenta por cento de seus cargos para a população negra, bem como essas universidades fascistas, nazistas, classistas, direitistas, abrir definitivamente vagas aos estudantes, oriundos dessa gente menosprezada!

Afinal de contas: por que tanto medo?!

A Inglaterra, não se deteriorou por ter aceitado negro em sua programação televisiva, ao estabelecer cotas para negro participar de comercial na mídia, ao ceder espaço para trabalhar como jornalista, diretor de empresas, etc.

E os Estados Unidos então?

Reduto de divergências raciais das mais ferrenhas, é de lá que vem sempre o grande exemplo para o mundo a duras penas conseguido: divisão de cargos, aceitação dos negros, embora a intolerância exista!

CAPÍTULO VI

A DOUTRINA DOS CONTRÁRIOS

Lá no item IV do dicionário Aurélio, lê-se o seguinte: Racismo (na verdade, são cinco itens, muito bem colocados, mas, esse quarto é o que me chama mais a atenção), qualquer doutrina, que sustenta a superioridade biológica, cultural e/ou moral de determinada raça ou de determinada população, povo ou grupo social considerado como raça.

Assim, em cada frase que se lê, em cada lugar em que se vá, não tem escapatória, é cada vez mais flagrante a Segregação Racial

Permitida no Brasil, assim como o total desrespeito aos direitos humanos.

De modos, que órgãos internacionais, (a ONU, por exemplo e outros mais), começam a voltar os olhos para o Brasil e isso é muito perigoso, para um país que insiste em ostentar "que é o exemplo a ser seguido" pela humanidade, tendo em vista a "convivência pacífica" de todos os seus habitantes.

E no que depender de mim, tentarei de todas as maneiras e formas possíveis, fazer provar que isso não é verdade! E a intolerância racial aqui, é a mesma que existia na África do Sul, antes do fim do Apartheid, com a diferença que todo mundo já conhece: a dissimulação mentirosa!

Quando eu de fato tinha uma estreiteza de visão à toda a prova, assisti a um filme sobre o regime apartheid que vigorava na África do Sul e fiquei estupefato com tamanha violência que ali ocorria. Não sabia eu, que aqui aquilo sempre aconteceu, da maneira que dizia o compositor popular, "por debaixo dos panos, sem ninguém vê".

Ou melhor, sem ninguém QUERER " ver. Sem ninguém ousar admitir a verdadeira face do racismo nu e cru, perfeitamente disfarçado embaixo da cores maravilhosas da bandeira brasileira.

Voltando a África do Sul, que crime cometeu Nelson Mandela, para apodrecer durantes "bons" vinte anos numa cela fétida dos arrebaldes de Johanesburgo? Mas, o mais importante, foi o exemplo que deu ao mundo, ao dar a volta por cima e se tornar presidente daquele país racista e comandar como chefe supremo, seus antigos carrascos, com dignidade e nobreza de caráter.

O fato é o seguinte: passar por esse mundo com a intenção de muda-lo é estupidez, isso é missão impossível. Agora, passar por aqui e não contestar as desigualdades é muito cômodo.

Uma vez que assim agindo, o que era ruim, tende a ficar pior ainda e o que há de bom, pode ser estendido a uma gama maior de pessoas. Inclusive, a uma determinada classe desfavorecida, ou a uma raça, rejeitada pela cor de sua pele.

Ainda me recordo da história que parentes meus contavam a respeito do grande boxeador Cassius Clay (Mohamed Ali), o qual após ter vencido um poderoso oponente, ao retornar a fazenda onde trabalhava como cortador de lenha e exibir a medalha ao seu superior hierárquico, além de ser imediatamente achincalhado, ainda teve que ouvi a célebre frase: "negro, você pode ser campeão lá fora, aqui você vai cortar lenha!".

Esse episódio quase culminou com o encerramento precoce da carreira do pugilista e somente a muito custo, conseguiu se refazer e mesmo abalado, retornou ao ringue e simplesmente se tornou o que os apreciadores do boxe sabem.

Por outro lado, ainda sobre o quesito boxe, ao assistir a última luta do ex-campeão Mike Tyson, fiquei chocado.

Chocado porque, com aquele tombo, junto caiu muitas esperanças de muitas crianças negras americanas (e por que não brasileiras?), que viam em si, uma esperança negra poderosa, vencendo poderosos oponentes, sem medo, sem trauma, sem titubeio... mas, como nada é para sempre, a era Tyson, se acabou, assim como muitas outras coisas, carecem de ter fim!

A questão a ser discutida, é muito mais grave e é sem dúvida, objeto de estudo psiquiátrico(?!) O que leva pessoas comuns, inclusive boas senhoras, a serem guiadas por uma espécie de reação instintiva, e rejeitarem de cara o semelhante, simplesmente pelo fato de possuírem pele escura?

O que leva senhores, bons pais de famílias, terem horror a sequer imaginarem uma filha sua casada com um negro? Mais que tudo isso, o que faz todos os poderes legais, estarem sempre "alertas" e sempre encontrarem uma saída "misteriosa", quando em jogo se encontra , alguma coisa que pareça trazer às claras o ranço de um preconceito secular, que insiste em não se desvencilhar de nossa vida, dessa sociedade, que de fato um dia, será... vindoura!

Sobre o quadro psiquiátrico, faz sentido, pois trata-se de uma espécie de falta de aceitação de si próprio, exteriorizando-se em ódio para com aqueles que eles (os racistas) em suas insanidades, julgam-se de OUTRA raça!

A espécie humana é bastante contraditória, apegada a costumes e hábitos extravagantes que somente a evolução moral, poderá dar fim. Na Índia, na época em que Gandhi

perambulava, pregando sua "não violência',
(preceito maravilhoso por sinal, pois, deu a vida
por ele e afirmava:

"A não violência é o primeiro artigo de
minha fé e a última do meu credo!"), existia uma
classe totalmente discriminada, denominada os
"intocáveis", (nada a ver com o filme), que pelo
fato de descenderem de determinada linha de
pessoas, denominadas inferiores, padeciam todos
os horrores da segregação, relegados aos piores
serviços (limpeza de latrinas, por exemplo), sem
direito sequer a conversar com outras pessoas, ou
dirigir um mísero olhar a um transeunte.

Gandhi, demonstrando a grandiosidade de sua alma e a bondade extraordinária de seu espírito, conversava com tais pessoas, o que gerava "repulsa" de outros membros da sociedade para consigo. Condiz?! Não é um absurdo?! Percebe como a coisa toma um rumo escandaloso quando tratamos de observar o defeito (se é que é defeito) alheio? As falhas de outras sociedades, que tem lá seus pontos de vistas?

Da mesma forma acredito que eu que dentre em breve o Brasil passará a ser observado pela ótica das grandes potências mundiais. Não que essas potências estejam preocupadas com o bem estar do negro, mas, acontece que um país assim, não é confiável para se depositar grandes somas, ou

aplicar grande capital ou explorar investimentos!

CAPÍTULO VII

O COMPLEXO DOS DITADORES

Depois de algum tempo refletindo, cheguei a seguinte conclusão: a maioria desses ditadores que super-popularam a Terra com suas excentricidades e megalomanias, boa parte deles "não tinham vergonha na cara!" É isso mesmo! Não tinham aquele "aparelhinho" sofisticado denominado "desconfiômetro".

Faziam-se de desentendidos, fingiam não estar nada acontecendo... mas no fundo eles tinham certeza que eram detestados, odiados, espreitados e quantos desses não perderam a vida em emboscadas. Estas idealizadas e levadas avante, por pessoas comuns que perderam a esperança. Mas, não é exatamente isso que estou querendo dizer.

Imagine a cena: estádio lotado, presentes dezenas de autoridades, transmissão para o mundo inteiro (precariamente, é verdade, mas...) e o ferrenho defensor da famosa "raça-ariana", estático, ansioso, aguardando a fundamentação e o desfecho total e fatal de toda sua teoria estapafúrdia, com a expectativa de vitória no atletismo de seu corredor representante.

Isso, pelos anos idos de 1936, na Olimpíada de Berlim (Alemanha, antiga parte Oriental). Quando aconteceu um desastre (quer dizer, para ele, Hitler), um corredor negro chamado JESSE OWENS, simplesmente, "não tomou conhecimento", que ali estava um homem (o outro corredor) que não poderia ser vencido, tendo em vista pertencer a uma classe SUPERIOR, e bateu a competição de velocidade (acredito eu os 100 metros rasos) de ponta a ponta.

E o homem, lá do alto, do estádio, caiu com o queixo no chão. Não podendo perante a impressa mundial, mandar assassinar o negro ousado, contentou-se em virar-lhe as costas na hora do aperto de mão.

Após esse fato, era simplesmente para aquele "biruta", deixar aquela loucura de lado e passar agir como um ser humano normal, porém, a história conta o resto.

Meus amigos, é impossível um ser humano brasileiro, alimentar ideias sobre racismo e não ser partidário direto daquele alucinado!

Ou será que é um racismo diferente?!

Cada uma daquelas vidas ceifadas na insanidade daqueles carrascos tem sua contribuição, quando hoje você sentado nessa poltrona de couro, sobre o carpete de luxuosas mansões relega seus irmãos brasileiros, pelo fato deles não terem tido a sorte (se é que pode ser chamada de sorte os desígnios Divinos), de ter nascido numa melhor classe social ou ainda melhor: numa cor que lhe proporcionasse dos gozos e atrativos que a riqueza lhe permite!

Se Jesse pudesse imaginar a grandiosidade de seu ato, e se soubesse que com sua vitória estaria destruindo um estúpido mito, assim que o führer lhe deu as costas, daria-lhe um pé nas nádegas!

Pensando bem, um homem tem todo direito de odiar, de menosprezar seu semelhante menos favorecidos, inclusive tem até o direito de ter preconceito. Aliás, com essa espécie de observação, mas não faz que comprovar a estreiteza de visão, sensibilidade em declínio além de ratificar sua mera materialidade.

Um homem tem todo o direito de ter essa postura. O problema é quando essa postura, passa a prejudicar o livre-arbítrio alheio. Quando começa a se apropriar do direito alheio como se dele fosse. Aí, surge o conflito. Quando ideias trôpegas, começam a se manifestar em atos, surge o desequilíbrio e algo precisa ser feito URGENTEMENTE! O Brasil atingiu esse estágio e as coisas se não mudarem, essa será uma nação fadada a destruição, que geralmente sucede quando uma pátria resolve execrar os seus filhos!

CAPÍTULO VIII

O QUE A LITERATURA NÃO ABORDA

Pelas inúmeras literaturas que tenho lido, poderia simplesmente ignorar o que se passa ao redor, e começar a escrever artigos sobre autoajudas. Todos que escrevem nesse ramo, são seres maravilhosamente bem intencionados, e seus trabalhos fazem um bem muito grande. Porém, para mim, não faria mais sentido, pensar no meu crescimento pessoal, na minha ascensão material, diante de tanta desigualdade social e principalmente diante da segregação racial que parece não ter fim, aqui no Brasil.

Eu fui mais cego que omisso!

As coisas aconteciam e eu simplesmente não via e meu subconsciente se recusava a ver. Mas, após meditar friamente sobre o caso, e após ver o que vi e ler o que li, não tenho mais dúvidas: nada mudou desde a decretação da Lei Áurea, pelos menos no que se refere a qualidade de vida do povo negro, o qual por direito deveria possuir os melhores locais para se educar, as melhores oportunidades para crescer profissionalmente e não o contrário.

E isso não é utopia. É um direito que todo trabalhador e estudante negro teria e tem que ter, sem com isso, comprometer a renda per-capita dos senhores brancos, nem por em risco o PIB, nem fazer oscilar a Bolsa de Valores.

Vários episódios se passaram comigo desde a minha infância, os quais causaram grandes traumas e toda vez que os recordo, me magoou. Porém, ainda assim, acreditava tratar-se somente da maldade de pessoas desavisadas, não levando em consideração o fator cor, mas, eu estava enganado. Profundamente enganado.

Quando eu tinha aproximadamente onze anos, trabalhava (sempre trabalhei), como ajudante de feirante e ao término dos trabalhos, peguei uma laranja da banca que trabalhava e qual não foi minha surpresa ao ser violentamente agredido a socos e pontapés por um vendedor novato dessa dita banca! Não entendi nada! Tentei me explicar e qual nada.

Tome tapa! Tome chute! É uma sensação bastante desagradável de total impotência diante do mais forte. Imagino ser esse o sentimento (de dor e impotência), que se apossou dos negros americanos espancados pela Ku Kus Klan, antes de serem mortos.

Numa festa do sorvete realizada num parque de diversões, denominado Play Center, do nada, veio um indivíduo e do nada, desfechou em meu rosto um violento soco. Até hoje não entendi. Até hoje, eu não queria entender!

Já adolescente, eu e mais dois amigos (brancos), fomos abordados por policiais de militares, da chamada tropa de elite, ainda forte e vigorosa a ROTA, e estranhei, quando um policial militar negro (já mencionei tal fato numa crônica), apontou para mim uma carabina, aparentemente de grosso calibre (tamanho os buracos dos canos) e falou: "levanta as mãos negro!" Depois, perguntei aos meus amigos: - vocês ouviram aquilo?! Eles também não entenderam, mas ficou por isso mesmo. Essa é uma outra cartilha. Para ser explicada à parte.

De uma outra feita, ainda adolescente, eu e um amigo (branco) mais uma vez abordados pela Polícia Militar, confundidos (ou quiseram que fosse assim), fomos espancados, ameaçados de morte, trancafiados no "camburão" (na época vermelho e preto), e levadas para a Delegacia, onde permanecemos em observação algumas horas, até a liberação. O meu amigo, deve ter apanhado, por estar junto ao negro?!

De uma outra feita, estando sentado no muro de minha residência, fui abordado, revistado, arrastado e conduzido preso até a Distrital, sem nenhuma queixa, sem pratica nenhum crime, simplesmente porque um outro policial NEGRO suspeitou que eu era suspeito perigoso. Pouco tempo depois, fui liberado. Não sem antes ter sido espancado. Bastante espancado.

Meu Deus, como eu passei tanto tempo alheio a minha realidade?!

Essa parte dos policiais negros, a todo custo voltarem-se contra os de sua própria raça, deve ser para se auto afirmarem, para provar aos policias brancos que não estão comprometidos com seus pares. Mas, nós sabemos que a questão é bem mais complexa.

E talvez pelo espancamento que participam contra sua gente, seja um problema reservado mais aos quadros psiquiátricos, onde um indivíduo vê no próximo aquilo que não gostaria de ter em si, e tem, mas, revoltado, tenta resolver a soco e a bala o que sua consciência o impede de

evidenciar...

CAPÍTULO IX

VÍTIMA DO PRECONCEITO E DOS HOMENS

Tudo que passei como vítima de discriminação racial ao longo dessa existência, não me chocou mais do que as palavras que eu ouvi de minha pretensa primeira namorada, a qual sem sequer me dar chance de ouvir o que tinha a lhe dizer sobre o que sentia por ela, o que faria por ela, num instante de revolta, veio em minha direção (eu tinha por volta de 12 ou 13 anos) e bem próximo, ouvi as palavras 'que ainda se recusam a calar': - sai negro!?

Não é sem ressentimento e tristeza e até um pouco de inveja que vejo, rapazes com o mesmo protótipo que eu tinha, abraçados a loiras maravilhosas, a mulheres lindíssimas, contentes e felizes. Felizes?! Não, não acredito, pois, ainda que seus amores lhe prometam a alma e o coração, vivem em mundos completamente diferentes. Nunca serão aceitos pela sociedade.

Se bem que vez ou outra até possa parecer que sim. Mas, não é comum, essa gente, objeto dessa crítica, ceder espaço a um "alienígena", como é tratado um negro "ousado" que não quer se enquadrar...

Mas, por que eu criança, fui escolher justamente uma mulher, uma moça de uma cor diferente da minha?!

Simplesmente pelo fato da crianças até ser doutrinada ao inversos, seja negra ou seja branca, não distingue raças mas, simplesmente, vê em todos os seres, pessoas. Por isso que assim me apaixonei e me enganei. Porque se eu soubesse que o futuro traria-me tantas desilusões por pertencer a uma raça tão discriminada, etc.

Estaria pra mim de bom tamanho, namorar com qualquer "galinha", comigo mesmo, etc. para não sofrer tantos traumas e tantos complexos por causa da necessidade de procriar!

Qualquer motivo que o homem tente arrumar para justificar o racismo, carece de sustentação.

Será que lá do fundo do seu baú mental, esses homens arrogantes, foram buscar uma história misteriosa, fantástica, para dizer que têm razão?! Assim como por exemplo, acreditarem que tudo que é escuro é mau? Mas, mais uma vez o negro é objeto do descaso e desrespeito popular, uma vez que célebres cientistas foram categóricos em afirmarem a unicidade das cores, ou seja, de uma única cor, resulta todas as outras.

Em outras palavras, racistas se apegam a casca não ao conteúdo. Avaliam a forma jamais o fundo. Possuem visão estreita, raciocínio curto, (por mais que se destaquem no seu meio), condenam uma pessoa, simplesmente levando em consideração seu próprio conceito particular, sem se importar quem é aquela pessoa, o que fez para a comunidade e o que fará para seu próprio futuro!

Tentar fazer valer uma teoria completamente insustentável a todo custo, assim como o clero em Roma, queria sustentar (empurrar de goela abaixo) a ideia do antropocentrismo, na qual a Terra, esse mísero planeta, seria o centro do universo e obviamente, sendo o centro, o Papa, sob esse prisma, seria o segundo em comando mais poderoso da galáxia, depois de Deus...

Não posso falar de racismo nem de preconceito, sem me fazer valer, de alguns comentários tecidos, pelo filósofo Voltaire (François Marie Arouet – 1752   ), onde bem a propósito explana com bastante propriedade sobre esse fato da seguinte maneira: "o preconceito é uma opinião desprovida de julgamento. Assim, em toda a terra, se incutem às crianças as opiniões que se quiser, antes de elas poderem julgar.

Há preconceitos universais, necessários, que constituem a própria virtude. Em todos os países se ensinam as crianças a reconhecerem um Deus remunerador e vingador; a respeitarem e a amarem pai e mãe; olharem o furto como um crime, a mentira interesseira como um vício, antes de poderem adivinhar o que é um crime

e o que é um vício.

Há, pois, preconceitos muito bons: são os que o julgamento ratifica quando se raciocina. (Já) 'O sentimento não é um mero preconceito, mas, algo muito mais forte. Uma mãe não ama o filho porque lhe disserem que é preciso amá-lo: acarinha-o, felizmente, malgrado seu. Não é por preconceito que acorremos em socorro de uma criança desconhecida, prestes a tombar num precipício ou a ser devorada por um animal feroz.

'Todavia, é por preconceito que respeitareis um homem que envergue certa indumentária (ao que me parece, batina), caminhe gravemente e fale da mesma maneira. Os vossos pais disseram-vos pois, que deveis inclinar-vos diante desse homem:

"Vós os respeitais antes de saberdes se merece o vosso respeito; crescei na idade e em conhecimentos; acabareis por vos aperceber que esse homem que esse homem é um charlatão inchado (se vivesse hoje, Voltaire, se deleitaria ao saber, que além dos de batina, há uma outra plêiade de missionários divinos, muitos deles, inclusive, com prisão decretada, nunca cumprida, é verdade, mas, decretada) de vaidade, interesse e artifício, desprezais então, o que havíeis reverenciado e o PRECONCEITO (grifo meu) cede lugar ao JULGAMENTO".

Antes de continuar com mais alguns comentários do filósofo, voltando aos dias atuais, fiquei estupefato com uma reportagem, na verdade um pequeno documentário, na qual, alguns turistas, por acaso, filmaram o derretimento de um Iceberg azul(?!) O que tem isso de especial? Pois bem, trata-se de uma montanha de gelo, com mais de um milhão de anos (logicamente, idade determinada por estudos geológicos).

Fato evidente, que está havendo muito rapidamente, um superaquecimento global e os efeitos disso já começa a ser sentido no dia a dia. Mas, haverá desdobramentos monstruosos pela frente para não dizer catastrófico. E não sei se terá razão, aquele mago-alquimista (Michel Nostradamus) o qual em suas, chamadas Centúrias, previu um monte de coisas. Confesso que li essas Centúrias e não encontrei absolutamente nada, claramente! Mas, a questão é a seguinte e mais real: numa iminente situação de caos, ainda há pessoas que tem tempo de dedicar parte de seu tempo por cultivar, alimentar, disseminar o PRECONCEITO RACIAL!

Continuando com Voltaire: " não é coisa divertida que os nossos olhos nos enganem sempre, mesmo quando vemos muito bem, e que, pelo contrário, não nos enganem os ouvidos? Quando a vossa orelha bem conformada, ouve: 'sois bela, amo-vos', é seguro que não vos disseram: 'odeio-vos, sois feia'.

Mas, vede um espelho liso: está demonstrado que vos enganais, que a superfície é muito irregular. Vedes o Sol, com cerca de dois pés de diâmetro; está demonstrado que é um milhão de vezes volumoso que a Terra. Parece que Deus pôs a verdade nas voltas das orelhas e o erro nos olhos; mas estudai óptica vereis que Deus não vos enganou e que é impossível que os objetos vos pareçam diferentes da como são vistos, no estado presente das coisas'.

'O Sol move-se, a Lua Também, a Terra está imóvel: eis preconceitos físicos naturais. Mas que os camarões sejam bons para o sangue porque, uma vez cozidos, ficam vermelhos; que as enguias curem a paralisia porque se agitam; que a lua interfira nas nossas doenças porque um dia se observou que um doente teve um agravamento de febre durante o quarto minguante – idéias, e mil outras mais, foram erros de antigos charlatães que julgaram sem raciocinar e que, enganando-se, enganaram os outros".

A não ser que se achem maiores, mais inteligentes, que reais observadores, cometem grande falta, ratificam grande erro, essas pessoas, as quais, creem tudo saber e fazem tanta questão de distorcer a Ciência, a Filosofia, a Religião, para que tenham sentido seu preconceito infundado. Pois, não existiu, nenhum filósofo, nenhum sábio(mesmo profeta), aliás, nada na história, na Psicologia, na Antropologia, Medicina, Psiquiatria, nada, nenhum ponto que prove a legitimidade do preconceito!

CAPÍTULO X

LEI PARA TUDO E PARA TODOS?!

Há Lei para tudo aqui no Brasil.

E estava com razão o nobre jurista francês*, quando sabiamente concluiu: "não há crime sem lei anterior que o defina; não há pena sem prévia cominação legal", aliás, o que não falta são leis, decretos, medidas provisórias, etc., etc.

O problema é fazer cumprir essas leis e mais que isso, CONSTITUIR um órgãos responsável para que se faça cumprir determinados números de leis, para não sobrecarregar os poderes legalmente constituídos para esse fim, mas, ao que parece e ao que tudo indica, não está "dando conta do recado!"

De outra forma, como fazer cumprir, por exemplo o Artigo 205 da Constituição Federal, por exemplo (...a educação, direito de TODOS e dever do Estado, etc.) ou/e o Artigo 203: a assistência social será prestada a quem dela necessitar, independentemente de contribuição à seguridade social, etc. e tendo como objetivo: (no inciso I): à proteção a família, à maternidade, à INFÂNCIA, a adolescência e à velhice.

O inciso II, complementando este, assegura ainda: o amparo às crianças e adolescentes carentes.

Quando foi que se viu qualquer um desses artigos serem cumpridos amplamente? E isso não é crítica ao governo, mas sim à forma como são aplicadas e postas em prática. Isto é, se não há acompanhamento para o cumprimento, não tem como saber se foi ou será aplicado alguma vez nessa vida.

Quer exemplo? Estive num pronto socorro aqui das proximidades denominado de João Paulo para socorrer minha sogra que passava mal e não tem convênio, mas como o artigo 203 garante, fui lá.

Além de não ser atendido, ainda presenciei uma cena chocante: uma mãe (diga-se de passagem, pobre, parda e carente), com uma criança de cerca de oito anos no colo, desacordada, numa fila enorme, implorando atendimento, enquanto que, um funcionário muitíssimo mal-educado, indiferente, mandava aguardar a vez... eu tenho a impressão que a Constituição (de duas uma) ou é ignorada ou não é cumprida!

O célebre jurista, deveria em complemento a sua teoria, ter estabelecido: "NÃO ADIANTA TER UMA LEI QUE DEFINA ANTERIORMENTE O CRIME, E NÃO EXISTIR MECANISMOS LEGAIS PARA EXIGIR SEU CUMPRIMENTO; NÃO ADIANTA ENDURECER A PENA SE A LEGALIDADE SEMPRE SALTA PARA AS 'ENTRELINHAS".

Diante do por último exposto, o Artigo 5º, torna-se uma verdadeira utopia (para não falar outra coisa) digno de uma era mitológica, quando estabelece, sem nenhum pudor: "todos são iguais perante a lei, sem distinção de qualquer natureza, garantindo-se aos brasileiros... a inviolabilidade de direito a vida, à liberdade, à igualdade, à segurança e à propriedade..."

Falando sinceramente: quando foi que no Brasil, alguma vez na história, alguém se viu cumprir a igualdade perante a lei? Me abstenho de citar exemplos, mas, muito me apoquenta o fato dos senhores juristas (agora os brasileiros) nunca se incomodarem com o fato de legislarem EM PROL DE NADA E DE COISA NENHUMA!

Aí está a prova de que determinadas pessoas, depois de um determinado tempo, passam a desacreditar em tudo ou seria acreditar em nada?! Para permanecerem numa eterna ociosidade, inchando suas... artérias, sem se preocupar com a desgraça que tomou conta de seu vizinho, nesse caso OS NEGROS! Dorme tranquilo, acorda melhor ainda, tiram extensas férias e ainda reclamam dos salários, enquanto que boa parte dos brasileiros, nem salário tem!

É o cúmulo!

Não sou profeta de mau-agouro, mas, acredito sinceramente o Brasil caminhar para sua própria destruição. Inclusive sob o aspecto moral e principalmente, espiritual!

CAPÍTULO XI

ALÉM DO CORPO... HÁ A ALMA!

Acima de todas as coisas, o que mais incomoda na discriminação em geral, e especificamente no racismo, é a arrogância e a prepotência de seus defensores, obrigando os outros a acreditarem que são superiores, tão somente pelo fato de possuírem pele clara, ainda que em totalmente destituídos de inteligência.

Esse é o contrassenso de nossa sociedade, onde um indivíduo branco, mal saído das hostes do primitivismo, pode ser, a qualquer instante declarado especial, sem fazer absolutamente nada que justifique privilégio, quando que ao negro, resta carregar as malas do preconceito e inconformação!

Analisando friamente o episódio do fim da escravatura, propriamente dito, foi mais um ato simbólico, enquanto nos bastidores o tráfico de negros continuou por anos a fio e por anos a fio até hoje, homens e mulheres negros, ainda não gozaram de plena liberdade.

E os senhores médicos, políticos, juízes, delegados, promotores de justiça, jornalistas, embora se façam de desentendidos, sabem muito bem do que eu estou falando.

Ainda sobre esse fato acima descrito, mais uma vez, recorro a perspicácia, do filósofo anteriormente citado (Voltaire) para concluir: "por que chamamos escravos aqueles a quem os

romanos chamavam *servi* e os gregos *douloi?...*
Tudo que se pode recolher do emaranhado da história da Idade Média é que no tempo dos romanos, nosso universo conhecido dividia-se em homens livres e em escravos...

A escravidão é tão antiga quanto a guerra, e a guerra tão antiga quanto a natureza humana. Estava tão acostumado a essa degradação da espécie, que Epicteto, jamais se espantou de ser escravo, E SEGURAMENTE, VALIA MAIS QUE SEU SENHOR.

Nenhum legislador da Antiguidade tentou anular a escravidão; pelo contrário, os povos mais entusiastas da liberdade, como os atenienses, os lacedônios, os romanos, os cartagineses, foram os que tiveram as leis mais duras contra os escravos.'

'Quem acreditaria que os judeus, que parecem formados (essa era a opinião do filósofo, senão, compro outra briga, de graça), para servirem todas as nações que os conquistaram, também tivessem tido alguns escravos?

Está afirmado em suas leis que poderão comprar seus irmãos (provavelmente de religião – observação minha), por seis anos e os estrangeiros para sempre. Está dito que os filhos de Esaú, deviam ser os servos dos filhos de Jacó.

Contudo, mais tarde, sob uma outra etnia, os árabes, que se diziam filhos de Esaú, reduziram os filhos de Jacó à escravidão'.

'...Os religiosos de Malta, sucessores dos religiosos de Rodes, juram pilhar e acorrentar todos os muçulmanos que acharem. As galeras do papa vão prender argelinos ou são presas nas costas setentrionais da África. Os que se dizem BRANCOS vão comprar NEGROS a bons preços para revendê-los na América.

Só os pensilvanianos, renunciaram solenemente, há pouco tempo a esse tráfico, que lhes pareceu desonesto".

Desse último trecho, do último parágrafo, é forçoso concluir então, que alguns povos, desde há alguns séculos, já detinham os ideais de libertação e igualdade, meu Deus! Por que o Brasil tanto insiste em ser um país racista?!

Não tenho a intenção de modificar hábitos arraigados ao longo de décadas à população negra, por outro lado, esse povo tem que saber que o Carnaval assim como sua cega paixão por futebol e torcida organizada, desorganiza toda e qualquer ideia de melhoria social para essa gente, pois *tudo que agrada ao corpo e em nada engrandece a alma, é pernicioso!*

Mas, não adianta é uma luta inglória! Dirão alguns negros!

Não nós não podemos, as coisas permanecerão como estão, dizem outros!

E eu lhes digo: se não houver persistência, fé, determinação, coragem e certeza da vitória, tudo pode vir abaixo. Mas, a respeito disso, nesse momento me recordo da BATALHA de Gaugamela, travada por Alexandre, no ano de 331 a C.

Na verdade, a batalha mais importante da vida de Alexandre, chamado O Grande, onde com um exército numericamente inferior em contingente de armamento e homens, derrotou Dario o rei da Persa.

Nessa batalha, o macedônio, viu UMA única chance de vitória (e talvez a ÚNICA) e a aproveitou muito bem. Quando o exército Persa, no afã da batalha, descuidou-se do centro da "refrega" onde estava a infantaria e deixou Dario desguarnecido, Alexandre, aproveitou-se do descuido e com sua cavalaria e seu cavalo Bucéfalo, saiu a sua captura e o outro, para não morrer, fugiu.

Fugiu deixando tudo para trás: o seu exército, muitos tesouros (que fez a alegria de Alexandre e seus soldados), muitos bens (bigas, casas, palácio), a esposa, a filha, a sogra, a sogra e... um gato de estimação!

Alexandre, aproveitou a chance que teve, perseguiu a vitória, quando não tinha a mínima chance. Para se ter ideia, nos dias atuais, seria como o Iraque vencer os Estados Unidos, e ele venceu, sim, Alexandre venceu!

CAPÍTULO XII

GÊNIO TAMBÉM PISA

Quem diria, hein?!

O "bonachão", "fanfarrão", imperador romano NERO, isso por volta do ano 49 d C, teve como instrutor, tutor, nada mais, nada menos que Sêneca (Lúcio Anneo Sêneca – nascido aproximadamente no ano 3º ou 4º a C e falecido no 65 d C.).

E ao que tudo indica, Nero permaneceu "comportadinho", ouvido as palavras e os discursos do homem, mas, ao final, ambas as partes se comprometeram: um, pela complacência, outro pela conveniência, porém, ambos obtiveram destaque.

Nero, por ter botado fogo em Roma e mandado matar sua mãe Agripina e Sêneca conseguiu destaque por suas *Consolationes?!*

Ninguém nesta vida está isento de cometer um grande mal, achando que é um grande bem, talvez teria isso ocorrido com o filósofo.

Mas, a história sabe perdoar os enganos e evidenciar os pecados, agora, quando o mal é feito pela intenção de praticar o próprio mal, não haverá, pedras sobre pedras e o próprio tempo, sem muito esforço apagará todas as lembranças dos homens inúteis!

Exemplo: quantos fazendeiros mantenedores do regime escravocrata (aqui no Brasil), que a história guarda recordações?!

Talvez, pensando bastante, se recorde de um ou de outro, mas, quando se perguntar um nome forte, no levante dos negros, na consolidação do ideal de uma justiça longínqua, quem vem a mente? É claro, Zumbi dos Palmares!

Sabe por que?!

Porque a história sabe consolidar os seus líderes, pertençam eles a que faça for!

Não me sai da cabeça o comentário que ouvi de um jornalista, a respeito de Jesus Cristo. Disse ele, Jesus ser o seu ídolo.

Acho muito louvável o comentário e até de boa monta, outrossim, o homem de Nazaré não precisa de fãs, precisa sim, de pessoas interessadas em defender o interesse das classes desfavorecidas.

Não desses seus pretensos fãs, detentores de milionários salários e não cedem nada e não dão a cara pra bater, mesmo sabendo do desrespeito que vigora nas redes televisivas contra os pobres e muito mais violentamente contra os negros!

Por que será que o Brasil tem tanto interesse em "vender" ao mundo intelectual globalizado a imagem de ser um país de justiça, igualdade e fraternidade entre seus pares?!

Só pode ser uma espécie de autoafirmação. Porque qualquer europeu que vier por aqui, qualquer "gringo" que por aqui passar (aliás nem precisa tanto) ou assistir documentários a respeito, verá que o que ocorre, é uma grande farsa e o que vigora é o regime de SEGREGAÇÃO RACIAL, discriminação total dos negros e pardos!

Se assim não fosse, como uma coisa tão simples, uma medida tão trivial, criaria uma verdadeira tempestade para sua extensão às Universidades públicas, onde seus reitores retrógrados, velhos senhores, geralmente de barba branca, cabelos brancos e olhos azuis, não ousam imaginar que SUA Universidade seja invadida pela "macacada!" através dessa política denominada COTAS PARA NEGROS E PARDOS, determinada pelo conjunto das Ações Afirmativas!

A propósito, o que que você tem contra os macacos?!

Assim como qualquer outro animal na natureza, inclusive o homem que é também animal, esse bichinho é somente mais um. Nunca entendi, por que o interesse e maldade em comparar o negro com macaco, desde que esse animal, em muitas vezes, tem muito mais sensibilidade que muitos brancos racistas.

Mas, para não ser completamente maldoso, o branco se dá muito bem com o negro. Enquanto o negro tiver sambando na avenida ou quando for integrante e partícipe ativo das torcidas organizadas. Quer dizer, em outras palavras: longe dos canais de comando direto do destino da nação. Em suma, um país tipicamente negro, governador por uma meia dúzia de homens "entusiasticamente" brancos.

Não é de se estranhar que às escondidas muitos se travestem de integrantes tupiniquins da Ku Klux Klan ou mesmo neonazistas "verde-amarelos", defensores ferrenhos das ideias de um psicopata morto que para homem, precisava passar pelo reino dos macacos!

CAPÍTULO XIII

O RESPEITO DOS ANIMAIS

Há entre (alguns) animais selvagens, neste caso, predadores por natureza, uma prática bastante singular de caça e só levam adiante seu intento de matar observar amplamente a postura da possível vítima, geralmente animais menores, mas em seu "menu" também entra pessoas desavisadas e desconhecedoras do modo sutil do animal caçar.

O que faz esse animal?

Simplesmente observa. Põe-se a observar. Porém, não ataca se a pretensa vítima apresentar duas posturas básicas: 1ª não virar as costas e não correr; 2ª não se abaixar, ou seja, não manter uma estatura menor que o predador...

A analogia é simples e fácil de entender.

Como no homem há muito do animal e muito pouco de espiritual, inconscientemente, adota as mesmas posturas de seus irmãos irracionais.

Põe-se a observar as fraquezas do semelhante e quando as encontra, explora-as. Fato inverso ocorre, quando percebe que o adversário é tão inteligente e tão astuto quanto ele...

Um exemplo trivial, pode de uma certa forma, ilustrar o que eu estou querendo dizer.

Dois boxeadores vão se enfrentar. Um deles tem uma ampla vantagem, tanto nas cotações a seu favor, quanto na possibilidade real de vitória que possui.

Muito bem.

Ocorre que, o favorito, ansioso, precipitado, avança descuidadamente contra seu oponente e leva um famoso "ponta de queixo" no contra-ataque, imediatamente, arrefece seu entusiasmo, diminui o ritmo de avanço e passa rapidamente e respeitar seu adversário. Isso, se conseguir se levantar do chamado tablado.

Ocorre a mesma coisa com os seres humanos, desde o rico contra o pobre, desde o branco contra o prezo!

Nesse último caso, só vai adotar uma postura de respeito pelo adversário quando reconhecerem, duas coisas primordial: 1ª não fugir com medo da briga; 2ª não se colocar em posição inferior!

Toda a tecnologia humana. Todo o sistema de conhecimento dos seres, derivam de sistemas simples e seu mais avançado senso de intelectualismo, não o impede de ser o que é: um ser humano comum, com instintos sexuais, embora muitas se sinta diferenciado, pela complexidade de seus sentimentos, mas no fundo, deriva do animal!

Mas, por aqui, pelo fato de as regras do jogo não serem claras, essas pessoas, que lá no começo de tudo, conseguiram uma pequena vantagem social, ditam as regras e mudam-nas quando menos se espera. E isso, é sujo!

De tal forma concluo que, se lá no começo de tudo, a vantagem estivesse conosco, seriamos nós os dominadores. Agiríamos diferente?! Não tenho dúvida que sim, porque de corpos existe a alma, os sentimentos e nesses quesitos, a sensibilidade aflorada do negro, ainda que num corpo de outra etnia, se manifestaria com nobreza!

Desde a minha infância observo a televisão!

E desde então, tinha eu a impressão que as filmagens das novelas, dos comerciais, eram realizadas em alguns países da Europa, tamanha a desproporção de negros e brancos na programação!

Certa vez, cheguei mesmo a perguntar ao meu pai, que país erra aquele que filmavam as novelas e os comerciais, se era a Alemanha, a Suécia, a Nova Zelândia, a Áustria, a Dinamarca, etc., e qual não foi minha surpresa quando meu pai cabisbaixo, respondeu que era o Brasil... não entendi nada!

Porém, agora, eu entendi tudo!

Assim como a Argentina se sente um país do primeiro mundo, o Brasil quer ostentar o "status" e aparência de um país europeu e para tanto, exclui ACINTOSAMENTE os negros da televisão, da política, do empresariado, da direção dos grandes bancos e depois, têm a cara de pau de falarem da pretensa (como disse no princípio) "tolerância racial!"

Já que estamos no Brasil, falarei de futebol.

Pergunte por aí qual o time que está perdendo de dez a zero e consegue manter a dignidade, quando o adversário não contente,

começa a humilhação: chapéu nos "zagueiros",
bola (de futebol) entre as pernas, calcanhar, etc.

Eu também joguei futebol e pode
acreditar: não vai parar um em pé!

Porquanto tempo você acha que essa
estrutura racista permanecerá nessa sociedade
desigual?!

CAPÍTULO XIV

NADA CONTRA A FAMÍLIA, EXCETO...

Uma maravilhosa família brasileira...

Geralmente é aquela dos comerciais: pai banco; mãe, branca e filho ou filha, fazendo propaganda de um eletrodoméstico, de um veículo do ano ou de uma casa na praia.

Eles nunca "ousariam" coloca uma família negra nessa mesma atitude, pois "macularia" a imagem do produto do patrocinador. E o pior que, os próprios negros discriminados, indiferentes, os poucos que de alguma forma, conseguiram ascensão social (pois há um ou dois), vão lá, rapidamente, comprar os bens oferecidos a preços nada módicos!

Uma colega de trabalho outro dia me relatou, ter sido vítima inusitada de um ataque racista quando estava em uma danceteria tradicional da cidade de São Paulo. Os seguranças sem pestanejarem, avançaram contra sua pessoa, e sem cerimônia nenhuma, expulsaram-na do evento, culpando-lhe de ato de vandalismo, que absolutamente não comentou.

Tá certo que minha amiga, não era o exemplo de beleza plástica nem perante sua raça. Sem maldade nenhuma; foi a mulher mais grande (grande não gorda) que já vi. Desengonçada. Mais de cento e vinte quilos, distribuídos cuidadosamente, numa imensa silhueta ébana, mas muito dócil, exceto no falar...

Mas, com que direito um segurança racista, dirige-se a uma pessoa e sem qualquer prova, acusam-na de criminosa e ninguém toma providência?!

Está mais do que provado que o preconceito racial brasileiro, tem passado de geração a geração. E mais: constata-se que tem-se tornado, mais e mais requintado. Procurando através da dissimulação, perpetuar através dos tempos, essa postura de passividade, outrossim, essa manobra, já está sendo observada desde algum tempo...

O brasileiro, tem a obrigação moral de reparar o mal que fez a toda comunidade negra!

O brasileiro branco, tem o dever de pagar com o bem, com tudo de bem a raça negra!

O brasileiro tem a obrigação social, capital de vir a público, declarar que EXISTE RACISMO SIM, e vão minorar a situação do negro, proporcionando-lhe acesso gratuito as universidades públicas, disputa por igual nas indústria nacionais e multinacionais, nos empregos públicos, respeito nos hospitais, tratamento igual para as gestante negras e seus filhos e igualdade de direitos de verdade, com um ÓRGÃO, definitivamente responsável para cumprimento desses direitos, dirigidos por pessoas negras desprendidas e desinteressadas de política particular!

A propósito desse tema, não posso seguir adiante, sem transcrever parte do prefácio de

Joaquim Nabuco, sobre o Abolicionismo, no ano de 1863, de Londres, na Inglaterra:

"Já existe, felizmente, em nosso país, uma consciência nacional – em formação, é certo (já faz tempo...) – que vai introduzindo o elemento da dignidade humana em nossa legislação, e para a qual a escravidão, apesar de hereditária, é uma verdadeira mancha de Caim que o Brasil traz na fronte.

Essa consciência, que está temperando a nossa alma, e há de por fim, humanizá-la, resulta da mistura de duas correntes diversas: o arrependimento dos descendentes de senhores, e a afinidade de sofrimento dos herdeiros dos escravos(...) .

Os que tem a altivez de pensar e a coragem de aceitar as consequências desse pensamento – que a pátria, como mãe, quando não existe para os filhos mais infelizes, não existe para os mais dignos; aqueles para quem a escravidão, degradação sistemática da natureza humana por interesses mercenários e egoístas".

Bem, nesse época onde tudo parecia ter acabado e na verdade, apenas havia começado por volta do ano de 1863/4, houve uma corrente de senhoras e senhorios, inconformados, que começaram a apregoar que os negros escravos, após conseguirem a liberdade, não saberiam o que fazer com ela.

De fato, ocorreu à época, fatos isolados, em que alguns escravos recém-libertos, promoveram algumas arruaças, isso por conta de sua revolta em ter tanto tempo cedido seu "lombo" para o transporte e para a chibata!

Recorro, então, a sabedoria de Voltaire, para novamente elucidar esse ponto obscuro de divergência, ao que parece, até então.

Diz ele: "no monte Krapack, onde sabem que moro, li há pouco tempo um livro feito em Paris, cheio de espírito, de paradoxos, de visão e de coragem, de alguma forma como os de Montesquieu*, e escrito contra Montesquieu.

Nesse livro, prefere-se muito mais a escravidão à domesticidade e sobretudo ao estado livre do serviçal. Lamenta-se a sorte desses infelizes homens livres (...)

Ninguém, diz o autor, está encarregado de alimentá-los, de socorrê-los e, no entanto, os escravos eram nutridos e cuidados pelos senhores, assim como seus cavalos. Isso é verdade, mas a espécie humana prefere prover-se a depender, e os cavalos nascidos nas florestas, as preferem às estrebarias.'

'Afirma, o que é verdadeiro, que os príncipes cristãos, franquearam (isto é, permitiram a liberdade), só por avareza (ou seja, no entendimento do autor ao qual Voltaire se refere, os príncipes, libertam para não gastarem).

Enfim, cabe aos homens cujo estado se discute (os escravos, em nossos dias: os discriminados), decidir qual preferem. Interrogai o mais vil serviçal, coberto de andrajos, nutrido com pão preto (pão preto?!), dormindo sobre a palha numa cabana entreaberta; perguntai-lhe se quer ser escravo, melhor nutrido, melhor vestido, melhor acomodado.

Não somente responderá recuando horrorizado, mas haverá alguns a quem nem mesmo ousareis fazer essa proposta. Considerai ainda, que o serviçal pode tornar-se fazendeiro e de fazendeiro proprietário. Na França, pode até mesmo chegar a ser conselheiro do rei, se ganhou bastante. Na Inglaterra, pode ser rendeiro livre, nomear um Deputado do Parlamento. Na Suécia, ele próprio pode tornar-se um membro dos estados da nação. Essas perspectivas são preferíveis à de morrer abandonado num canto do estábulo do senhor."

Por essas breves linhas, observa-se nitidamente, indiretamente, à preocupação que já se tinha pelo futuro do futuro escravo liberto, e apesar de tudo, nenhum impedimento, para o seu crescimento material e mesmo político.

Então, por que o Brasil libertou seus escravos, para prende-los novamente, na "rede" do preconceito racial. Década após década; ano após ano; até os dias atuais?!

CAPÍTULO XV

ALGOZES DO PASSADO, EMPRESÁRIOS DO PRESENTE

A situação do negro no Brasil de hoje, ressalvando-se as proporções, é exatamente igual a que enfrentava na época da escravidão, propriamente dita, com a diferença de que estava jogado às senzalas, numa escala inferior a dos animais e hoje, encontra-se segregado, pelos enigmas sociais brasileiros, tornando-o ainda mais do que nunca, vítima de leis não apropriadas, para não ser mais grosseiro!

Excetuando-se como acima disse, os sofrimentos físicos que eram inenarráveis, os sofrimentos morais, aos quais está submetido, causa bastante dano ao seu psicológico, quando percebe a extensão do abismo que o afasta do outro lado da parcela bem remunerada, bem alimentada, bem educada de sua sociedade!

Uma coisa tem que ficar bastante claro: assim como a Suécia, Dinamarca, etc., não são considerados país de negros, o Brasil, não foi, não é e jamais será um país (somente) de brancos!

A sua imensa população negra, pardos, etc., que deveriam ser o orgulho para poder reparar com justiça e dignidade, tanto mal que lhes foi feito, torna-se uma espécie de estorvo a esses empresários, comprovadamente descendente deles, ansiosos para que tudo permaneça como está, ou seja, exatamente como os senhores escravistas no passado, queriam que as coisas permanecesse como era: o negro segregado e o branco milionário!

Alguma coisa está errada!

Não houve nenhum representante dessa pretensa casta branca que tivesse a hombridade de vir a público e defender os interesses do poderio branco, assim como o fez os membros daquela facção racista nos Estados Unidos, parte dos ingleses quando discriminaram Gandhi ou como os portugueses quando discriminaram os brasileiros, quando mandaram para cá, na época da colonização, todo e qualquer malfeitor e prostituta criminosa que andava vagando pelos arrebaldes de Lisboa.

Ao invés disso, preferem se esconder por trás desse falso "manto de bondade" e todas formas imagináveis e possíveis que puder prejudicar o negro, o fará de bom grado, acreditando fazerem isso, por serem SUPERIORES!

Alguma coisa está errada, quando homens de alta sensibilidade e intelecto, vêm a público, desde três ou quatro séculos passados, declaram seus nomes e seu repúdio a essa abominação, relatando algo do gênero: *"a opinião, em 1875, condenava as transações dos traficantes, mas julgava legítimas e honestas a matrícula depois de 30 anos de cativeiro ilegal das vítimas do tráfico. O abolicionismo é a opinião que deve substituir, por sua, esta última, e para a qual todas* as transações de domínio sobre entes humanos são crimes que só diferem no grau de crueldade.'

'O abolicionismo, porém, não é só isso e não se contenta com ser advogado o advogado Ex officio da porção da raça negra ainda escravizada; não reduz a sua missão a promover – no mais breve espaço possível – o resgate dos escravos e dos ingênuos. Essa obra – de reparação, vergonha ou arrependimento, como a queiram chamar – da emancipação dos atuais (da época) escravos e dos seus filhos é apenas a tarefa imediata de abolicionismo. Além dessa, há outra maior, a do futuro: a de apagar todos os efeitos de um regime que, há três séculos (hoje, seria quase cinco séculos), é uma escola de desmoralização e inércia, de servilismo e *irresponsabilidade para a casta dos senhores, e que fez do Brasil o Paraguai da escravidão."*

Alguma coisa não está certa, quando vultos do quilate de Rui Barbosa, assim com Castro Alves (mencionado anteriormente) no ano de 1866, fundaram uma sociedade abolicionista; Montesquieu, Joaquim Nabuco, Voltaire etc., deliberadamente, expuseram seu ponto de vista em defesa da igualdade racial demonstrando por conceitos lógicos, sociais, matemáticos a incoerência da escravatura (e seus derivados), espíritos de alta sensibilidade e intelecto a toda prova falaram, escreveram e idealizaram. Será então que essas criaturas, estão abaixo dos insignes obscuros que insistiam (e insistem) em manter o regime da segregação?!

CAPÍTULO XVI

O BEIJO E O ABRAÇO DA TRAIÇÃO

Com o tempo e um pouco de discriminação sentida na própria pele, desenvolve-se uma espécie de sentido extra, no sentido de detectar as más intenções, mesmo quando quem fala em prol da causa negra, por trás tem obscuras intenções.

Porque os pretensos defensores dessa causa, costumam trazer para si os negros desavisados, colocar-lhe a mão sobre os ombros e sussurrar-lhe aos ouvidos: "você é dos nossos!" e o pobre negro acredita e seu ânimo arrefece, de modos que mais um adversário, está fora de combate. Adversário sim, pois é dessa forma que eles nos encaram.

Comecei a ler outro dia, um artigo, a princípio em defesa da causa dos negros, mas, na segunda linha do texto, identifiquei toda maldade e toda astúcia, disfarçada de fraternidade e de solidariedade.

Dizia mais ou menos assim, logo no enunciado: "os negro e os pardos, apesar de sua ignorância, não máquinas de transporte, mas objetos de estudo científico!" Para que? Eu pergunto, para sermos cobaias de experiências macabras e de experimentos nazista?! Muito obrigado!

Caridade assim, é melhor deixar a luta por nossa conta!

Até quando?! eu pergunto!

Até quando será necessário debater um tema já tão batido e no entanto, tão atual?!

Até quando teremos que brigar para fazer valer os nossos direitos de cidadãos?!

Eu só sei de uma coisa: a luta já dura quase quatrocentos anos e numa previsão otimista, talvez dure até esse mesmo tempo, para ter os nossos direitos garantidos por leis e cumpridos em sua íntegra pela justiça, sem intervenção política, sem politicagem, sem reuniões na calada da noite, para tisnar nossos ideais!

Por outro lado, é possível que fatores externos, acelere de uma certa forma esse processo, tais quais, por exemplo, o aquecimento global que é muito sério e com o andar da carruagem, pode ser que nem dê tempo a se debater esse tema, antes do próximo cataclismo!*

Uma coisa é mais certa ainda: somente a persistência incansável e uma luta sem trégua proporcionará a vitória!

Pois segundo o próprio Tomas (Alva) Edison, parte do seu sucesso era simplesmente devido a sua tenacidade e persistência, como também o velho físico Albert Einstein atribuía a transpiração e pouco de inspiração quando da consecução de suas teorias...

É verdade, que ao grande Tomas Edison, recai a culpa de ser um dos inventores (ainda que indiretamente) da cadeira elétrica nos Estados Unidos, mas, suas invenções e seu legado ao mundo, superar em muito essa pequena falha!

Para elucidar um pouco o constrangimento que causava a visão dos negros escravizados a homens sensíveis, não posso seguir a frente sem transcrever breves trechos do Navio Negreiro (Castro Alves): no item IV

Era um sonho dantesco... o tombadilho
Que das luzernas avermelha o brilho.
Em sangue a se banhar.
Tinir de ferros... estalar de açoite...
Legiões de homens negros como a noite,
Horrendos a dançar...
Negras mulheres, suspendendo às tetas
Magras crianças, cujas bocas pretas
Rega o sangue das mães:
Outras moças, mas nuas e espantadas,
No turbilhão de espectros arrastadas,
Em ânsia e mágoa vãs!
E ri-se a orquestra irônica, estridente...
E da ronda fantástica a serpente

Faz doudas espirais ...
Se o velho arqueja, se no chão resvala,
Ouvem-se gritos... o chicote estala.
E voam mais e mais...
Presa nos elos de uma só cadeia,
A multidão faminta cambaleia,
E chora e dança ali!
Um de raiva delira, outro enlouquece,
Outro, que martírios embrutece,
Cantando, geme e ri!
No entanto o capitão manda a manobra,
E após fitando o céu que se desdobra,
Tão puro sobre o mar,
Diz do fumo entre os densos nevoeiros:
"Vibrai rijo o chicote, marinheiros!
Fazei-os mais dançar!..."
E ri-se a orquestra irônica, estridente. . .
E da ronda fantástica a serpente
        Faz doudas espirais...
Qual um sonho dantesco as sombras voam!...
Gritos, ais, maldições, preces ressoam!
        E ri-se Satanás!...

*__cataclismo__: Transformação brusca e de grande
amplitude na crosta terrestre (Aurélio).

CAPÍTULO XVII

DIREITO, JUSTIÇA A QUEM PRECISA

Por mera curiosidade, fui levantar a ponta do tapete de luxúria e conforto e indiferença do brasileiro, e o que descobri?

Uma passagem secreta que me conduziu a um mundo que julgava extinto, esquecido ou desaparecido nas cinzas das noites dos tempos, mas ao invés disso, vi muito presente um mundo fantasmagórico e real bem real, onde as sombras e os fantasmas dos que partiram assassinados, violentados, violados em seus direitos mais preciosos que eram suas vidas, despertam e exigem: JUSTIÇA! VINGANÇA!

Justiça, não com a hipocrisia com que ela é feita diariamente, rotineiramente, mas, com profundidade de espírito de solidariedade; vingança, não com o intuito de ver sangue derramados, mas, com a intenção de ver todos os pecados redimidos, com o cumprimento de justiça social real para os negros e obviamente, extensiva a toda população carente e necessitada de amparo e de amor!

A tragédia que acometeu a raça negra e a quantidade de crimes cometidos pelo branco contra os mesmos, faz-se inevitavelmente levar-se a crer, que: *"quando os últimos escravos houverem sido arrancados ao poder sinistro que representa para a raça negra a maldição da cor, será ainda preciso desbastar, por meio de uma educação viril e séria, a lenta estratificação de trezentos anos* (agora, já são mais: nota minha) *de cativeiro, isto é, de despotismo, superstição e ignorância".* (J. Nabuco)

Durante parte de minha existência, desde que tomei conhecimento de alguns vultos da nossa literatura e da literatura portuguesa, sempre conservei, particular admiração, pelo Pe. Antonio Vieira, detentor de cabedal intelectual inquestionável, onde num de seus sermões, denominado: "Ladrões", passei a vida, lendo-o e relendo-, tamanha perspicácia ter, ao descrever o "puxão de orelha" que o próprio Alexandre levara de um mísero pirata. No entanto, na data de ontem, todo o respeito o qual eu detinha pelo padre, caiu por terra(?!) Foi assim, como uma espécie de traição, ao ler o que o clérigo relatou ao rei.

Abstenho-me de transcrever na íntegra, o que disse exatamente, mas, em curtas palavras ele abominava a escravização dos indígenas brasileiros, alegando motivos particulares e peculiares da raça, porém, incentivava veementemente a importação da mão-de-obra escrava da África, como um modo de proporcionar ao governo e às fazendas cafeeiras, trabalho garantido e remuneração a custo ZERO.

Concordo com o padre quanto ao repúdio pela escravização dos indígenas, mas, por que achou ele que deveriam os negros, arcar com todos os pecados do mundo?!

Se tivesse tido pleno conhecimento das ideias e dos ideais desse homem, jamais teria perdido tanto tempo, defendendo, sem dúvida, um ponto de vista falso. Por outro, há que se justificar o fato, dele não conhecer amplamente questão e agir pela boa fé. É certo, porém, nessa mesma época, havia outras pessoas, não tão brilhantes o quanto ele, que não pensavam do mesmo jeito e não partilhavam a mesma opinião!

A escravidão em todo seu aspecto em toda a sua totalidade, sempre foi algo vergonhoso, uma mancha para a humanidade. Mas, a brasileira, é abominável!

Algumas meia dúzias de "mentes brilhantes", chegaram a conclusão que sequestrar, raptar, cidadãos de outros países, sob o pretexto de agirem de acordo e por direito, para serem escravos no Brasil, é algo monstruoso abominável e inimaginável! Porém, nesse caso, especificamente, destruiu-se propriamente a causa do mal, mas o efeito alcançou o futuro, mais necessariamente o presente e o que mais se vê hoje em dia, é uma política "morna", levante à frente sob a bandeira da igualdade racial, onde o negro só é reconhecido como igual, vai jogar futebol ou pular o carnaval...

CAPÍTULO XVIII
QUEM SÓ VÊ CARA NÃO VÊ NADA

raça[1]

Substantivo-feminino.

1.Conjunto de indivíduos cujos caracteres somáticos, tais como a cor da pele, a conformação do crânio e do rosto, o tipo de cabelo, etc., são semelhantes e se transmitem por hereditariedade, embora variem.de.indivíduo.para.indivíduo.

Quem nunca teve a desagradável experiência de entrar num local e ter a certeza, a sensação de estar sendo observado, analisado, seja por pequenas câmeras no alto, seja por "discretos" seguranças de terno e gravata pretos?

Existe sensação mais desagradável?

E se o motivo de toda desconfiança fosse pela roupa, o que se faria?

Logicamente, trocaria-se de roupa imediatamente, para evitar essas emoções desencontradas denominadas de frustrações ou baixa estima, proporcionada pela indiferença da sociedade e maldade natural das pessoas. Ocorre que no caso do racismo, infelizmente, no caso da discriminação, não há como tirar roupa, mudar a casca como algumas serpentes, e tem-se que conviver consigo mesmo e com outros!

Onde está a verdade?!

Não li em nenhuma parte da bíblia que essa ou àquela raça deverá herdar a terra e sim que os humildes a herdarão, no entanto, algum gênio espalhou pelo mundo, a ideias de que para ser feliz, para ser um ser humano, mundialmente aceito e socialmente querido é preciso ser branco!

Onde está a verdade?

Identificando-se os pais de uns, então, será fácil identificar os pais de outros(?!) Como assim?

Ora, achando-se os pais de todos negros, achar-se-á os pais de todos os brancos!

De tal forma, que o mistério teria que ser perscrutado com mais afinco, e ter-se-ia que voltar, já como dizia um cientista: ao fundo da noite dos tempos, porém, correria-se o risco de cair-se naquele mesmo profundo axioma: quem nasceu primeiro o ovo ou a galinha!

Bom, excetuando-se a palhaçada, ninguém conheceu ainda o próprio deus como sendo o certo e o justo, como querem que os outros não tenham um que seja tão justo ou tão injusto quanto o seu?!

Pelo que me consta, fazemos parte de uma humanidade imperfeita, com graves problemas sociais, agora, com graves distúrbios sexuais, com inenarráveis problemas de corrupção política, viemos ao mundo através da união de um homem e de uma mulher e sem exceção, todos morreremos um dia...

Não bastasse tantos complicadores, as pessoas, ainda conseguem arrumar inúmeras dores de cabeça, atraindo para si com as próprias mãos e pensamentos, maldições tais, que no futuro inevitavelmente terão que também abraçar... ou acham que discriminando, corrompendo, abusando, etc., o destino não está lhes reservando um "presentinho especial?!"

A pergunta é: quando o presente será aberto? Haverá um ramalhete de flores dentro dele ou uma serpente venenosa?! Quem paga pra ver?!

Somente para ilustrar, ontem mesmo, entrei em uma loja para pedir informações sobre assistência de um aparelho de telefone celular recentemente adquirido e a "gordinha" atendente, me olhou como se eu fosse ladrão, traficante, fugitivo, etc. Provavelmente, ela não anda assistindo muito noticiário de tv, uma vez que esses mesmos, apresentados por "homens brancos", são unânimes em concluírem que branco também rouba e mais: quem ver cara não vê coração!

Miseravelmente, lamento a minha passividade perante uma situação tão drástica, a qual ceifou estupidamente milhares de vidas inocentes em prol da causa burguesa.

Com que direito os racistas atuais, ousam ainda conservar certos ideais que não tem qualquer consistência, alicerçados num ato de violência e vandalismo, d'antes nunca cometido pelo humanidade?!

Ainda sob o aspecto cota, chamou-me atenção uma colega de trabalho, quando inquiri-lhe a respeito desse tema. Fez-me observar esse benefício por um outro ângulo. Por que não elevar-se a quantidade maior?

Por que não estabelecer política de cotas à outras etnias, mesmo levando-se em consideração, ser o negro o grande prejudicado?

Não tem uma única pessoa com quem tenho conversado nos últimos dias e perguntado sobre esse fato, que não tenham sofrido discriminação pela cor. Num país que se intitula o centro da igualdade racial no mundo civilizado, é no mínimo, constrangedor...

Inadmissível é ainda o fato, de muitas pessoas frequentadoras assíduas de comunidades cristãs, socialmente bem quistas, no entanto, carregam em seu íntimo, essa mancha inexpugnável do racismo intolerável.

No mais profundo de seu ser está lá: o monstro de proporções gigantescas, tisnando todas as suas virtudes e suas qualidades. A menos que se admita, como bom comportamento, o fato de esconder do semelhante o que não se pode esconder de si próprio!

O racismo, assim como a escravidão, é um capítulo vergonhoso na história do Brasil, a exigir a devida reparação dos descendentes dos senhores e o devido respeito pelos descendentes dos escravos!

Enquanto esse país não assumir a postura sugerir e passar a dar o tratamento justo a todo esse povo, não firmará nas próprias pernas. Será considerado no âmbito mundial um país discriminador, antro de corruptos, berço da desigualdade social, disseminador da discórdia e seus afins.

Claro que, somente se esses argumentos acima expostos, fizerem algum efeito às pessoas sensíveis, as quais derramam abundantes lágrimas ao contemplarem o holocausto de judeus pelos alemães.

Sensibilizam-se ao saber dos horrores das grandes guerras; se comovem ao saberem (e é justo) das calamidades ocorridas durante a guerra entre os Servos e Croatas, mas infelizmente, não sentem nada, nem sequer quando imaginam seres humanos sendo massacrados, crianças sendo violentadas, meninos arrebatados de seus pais outros assassinados, como se isso não fizesse parte de nossa história, mas faz...

CAPÍTULO XX

A INDIFERENÇA DE UNS, PELA COMPLETA DESGRAÇA DE OUTREM

Por fim, após um período bastante longo de observação e experiência, cheguei a brilhante conclusão de que há quem não se sinta incomodado ou conformado com o racismo. Uns pela vida inteira e outros até adquirirem conhecimentos suficientes para entenderem o que se passa ao redor...

Os primeiros são os cegos de nascença e outros são as crianças. Os primeiros, se negros ou brancos não sabem qual a diferença. Quanto as crianças se brancas ou negras, somente quando adquirirem conhecimentos é que entenderão o que ocorre: para serem influenciados para discriminarem e para as negras, para entenderem o desconforto a que estarão submetidos ao longo da vida, por força das circunstâncias e pela insistência do regime.

Apesar de tudo o que tenho visto e observado, não consegui visualizar e entender os motivos que levam pessoas de boa família, a adotarem posturas radicais no tocante a discriminar pessoas.

O racismo no Brasil, tamanha sua influenciação, é de alta periculosidade, devido a influência que exerce.

Seu campo de atuação é tão devastador, que não bastou inteligência notáveis, pessoas brilhantes darem sua contribuição para extingui-lo. Aboliram a escravidão, mas ficou atuando sobre a população brasileira, sua má influenciação. Sem nenhum motivo e explicação.

Mesmo porque, os principais interessados e dar fim a essa história e acabar de uma vez por todas com essa palhaçada, são justamente àqueles que insistem e persistem em perpetuarem a desigualdade e a segregação racial em sua forma mais sutil e destruidora.

Aqui não existe aquele que tenha a coragem de ir às câmeras e asseverar em alta voz: "eu sou racista! Não gosto de negro!"

A coisa permanece na surdina... Assim, como se é decretado o segredo de justiça, o pacto de racismo é celebrado às escondidas entre seus integrantes, num "conluio misterioso", garantido dessa forma: a imobilidade das partes prejudicadas e a ação continuada e permanente da parte favorecida.

Vergonhoso é o fato de existir nesse momento uma discussão exacerbada em torno dessa mísera migalha denominada Cotas para negros. Uma vez, a bem da verdade, não basta de uma doação insignificante que não vai garantir em hipótese alguma dignidade ao negro.

Outrossim, pelo menos garantirá que continue seus estudos por algum tempo e ser beneficiado ainda que seu amor-próprio e seu orgulho, fiquem bastante afetado no decorrer.

Com o tempo, ao longo do período, ao menos seja o negro detentor de extrema insensibilidade, vai notar que o tratamento dispensado e os olhares de seus colegas brancos universitários, são diferenciados e tenho certeza, que se tivesse uma outra alternativa, não pensaria duas vezes e largaria tudo e começaria de maneira normal, mas, por outro lado, sabe-se perfeitamente que é justamente o que os "outros" anseiam!"

E nem todo mundo tem aquela mesma sorte daquele técnico de futebol, que foi engolido de uma forma ou de outra por seus simpatizantes e rivais. Mas, com aquele salário, qualquer um se sentiria bem à vontade para ir até o fim.

Se no princípio, quando foram arrebatados de outro continente, escravizados, sodomizados, violentados, assustados, etc., permaneciam os negros, estáticos, não se justifica o ocorre atualmente, com tantos negros acomodados, alienados, petrificados pelo futebol e pelo carnaval, como se no Brasil só se vivesse disso e assim, a coisa piora...

Não sei porque, nesse momento vem à minha mente a atitude de um determinado exército grego, comandado por Leônidas (não é o da Silva não!), o rei espartano, que viveu por volta do ano 480 a C, líder e senhor de um dos mais treinados e disciplinados exércitos da antiguidade, cuja a mídia atual não deu muita atenção (e deveria? Claro que sim, pois, falaram tanto de Alexandre) e deveria, pois foram de notável desempenho, garra, determinação, coragem e hombridade, para lutarem é morrerem todos até o final, JUNTOS.

Estou falando dos "Trezentos de Esparta", os quais, numa batalha memorável contra os agressivos Persas, liderados pelo Xerxes, os quais contavam em número de milhares de vezes superiores a esses heróis, quase foram derrotados.

Não fosse, o traidor Termópilas, teriam inevitavelmente vencido a batalha e conseqüentemente a guerra, outrossim, mas, nem por isso perderam a dignidade morreram lutando até o último homem... até a última gota de sangue!

O rei Persa (Xerxes), antes do início do desfecho, vendo a pouca quantidade de homens que compunham o exército grego, inclusive com esses maravilhosos "Trezentos de Esparta", arrogante, mandou instalar um trono no alto da principal montanha, para contemplar do alto a inevitável e esmagadora vitória de seus homens. Por pouco não sofreu uma grande decepção...

Moral da história: não importa a quantidade de pessoas que agitem a batalha da vitória antes da batalha, só se pode comemorar a vitória após a luta. E mais, por mais organizado e lutador que seja um exército sempre vai haver um "indivíduo" interessado em levar o prêmio sozinho, naquela derrota fora o traidor, na passividade dos negros no Brasil, na liderança, sempre haverá um Pelé...

CAPÍTULO XXI

A FORÇA SEMPRE VENCE?

Para compreender-se bem as causas, as causas reais que conduziram o Brasil a adotar a escravidão como uma forma "sábia" de prover mão-de-obra gratuita, seria preciso remontar aos anos que precederam ao início do grande descalabro.

Assim, tentar entender, porque todo um povo ordeiro, deixando de lado sua expectativa de um futuro glorioso, preferiram plantar um ignomioso meio de subjugar o mais fraco de pele escura e para tanto, ignoraram todas as prerrogativas de direitos que pairava no ar, afim de fazer valer o direito do mais forte!

Fato é que, pelos atos pregressos de um povo ocorrido há algum tempo e contado pela história, é possível imaginar todo o seu caráter. Então, a pergunta é: qual o caráter daquele povo, que escravizou outras gentes. Sequestrou, etc., etc., A própria pergunta traz implícita a resposta. Não há necessidade de maiores desgastes.

No entanto, inexplicavelmente, incutiu-se na mente do brasileiro: primeiro que ele é originariamente branco; segundo, que ele não é racista. A primeira prerrogativa é notoriamente falsa e a segunda, quem responde são esses senhores, com ares de protecionistas, que vão a público cheios de razão e de um pretenso pela causa negra, apregoando que se conceder um benefício a um determinado segmento da sociedade, outros se ressentirão.

Superficialmente, faz algum sentido, porém, um olhar mais aprofundado, nota-se claramente a sua inconsistência, uma vez que existe regras para garantir que um comportamento não seja violado; existe leis, para garantir (pelo menos teoricamente) que o direito não seja usurpado; existe a constituição para regulamentar todas as leis, portanto, há a necessidade urgente de auxiliar ao necessitado, assim como ajudar àqueles que a história "CONDENOU A MARGINALIDADE!"

Não se poderia falar de racismo e antirracismo sem citar uma figura contemporânea, que através do seu carisma, prestígio, fama e credibilidade, enfrentou sua sociedade comprovadamente discriminatória, introduzindo em seu conjunto, tanto na orquestra quanto no seu coral, componentes negros.

O que de certa forma, gerou um certo mal-estar entre os próprios músicos, porém, como possuía o controle de tudo, fez valer sua fama e sua personalidade e restabeleceu a ordem, estou falando de Elvis Presley, personagem carismático e enigmático, o qual através de sua música, conseguiu unir pelo menos em seus shows, além de pretos e brancas, outras etnias, sem ninguém, sequer se dar conta.

Vale também frisar sobre Elvis, um caso de racismo, ocorrido antes de um de seus shows no sul dos Estados Unidos, onde o prefeito de uma cidade em que ele se apresentaria, proibiu-o de vir a público, "com aquelas negras" de seu coral, sob ameaça de cancelamento do evento.

Resumindo a história: ele não só se apresentou com o seu coral, como também, fez o prefeito pedir desculpas sobre o ocorrido, além de desfilar em carro aberto com as moças antes de iniciar o espetáculo... ao contrário, já fez o Michael Jackson, além de não apoiar nenhuma causa em favor dos negros, ainda fez pigmentação, afilou o nariz, para parecer o que, pelas leis da genética seria um pouco improvável: branco!

Também não se pode julgar os poucos negros ocupantes de cargos importantíssimos, dizendo-se terem eles problemas de autoafirmação. Isso, não é verdade, pois o que essas pessoas fazem, é simplesmente adotar uma postura intransigente para tentar com um comportamento rígido assimilar o desconforto que causa sua presença importante, ante uma assembleia de discriminadores inconformados...

Ou será que poderiam agir de outra maneira, sabendo que ao longo de suas vidas, "nunca tiveram flores?" , nunca lhe deram "colher de chá" e nunca acreditaram em seu potencial, a não ser quando divertia os brancos, como futura promessa nos campos de futebol ou como futuro passista, na escola de samba do bairro?!

CAPÍTULO XXII

PARTÍCULAS DE SONHO

A apatia é o tipo de manifestação de insensibilidade, que quando manifestada, transforma qualquer ideal em coisa alguma, destrói todo e qualquer sonho, faz que as coisas permaneçam como estão e não admite que nada mais possa se sobressair do estilo rotineiro.

A apatia patrocina o sistema vigente, do poderio do mais forte sobre o mais fraco, preserva os mais abastados e desestimula as pessoas normais a não modificarem seu estilo de vida com o qual estão acostumados a lidarem. Em suma, são desestimulados através do bombardeio psicológico do medo do desconhecido, do receio de tentar algo novo.

Resumidamente, ela paralisa todas as forças!

Foi por isso que alguns pensadores no passado e defensores das camadas mais fracas da população, além de defenderem esses chamados mais fracos, também defenderam os absortos!

De certa forma, tal comportamento, ainda que às avessas vem preencher o interesse dos prejudicados e dos interessados. Assim, àqueles desfavorecidos, se sentem desencorajados a pleitearem direitos, até de certa forma pela preguiça e os milionários, muito confortavelmente, se mantém incólumes em seu "berço esplêndido!"

Uns confiantes que as coisas não vão mudar e nunca perderão sua regalia, os outros, iludidos, crêem piamente, que o "racismo" no Brasil é tolerável, não prejudica ninguém, e até é de certa forma: "confortável", pelo menos ninguém morre, pelo menos ninguém se fere!

A desigualdade social, o preconceito e o racismo são tão violentos, como o assalto a banco(?!)

Sim, seria a mesma coisa que se afirmar, que uma determinada quadrilha é boa, simplesmente pelo fato de num roubo que praticaram a um determinado banco, ninguém morreu, levaram somente o dinheiro... o dinheiro que não lhes pertenciam.

Tomar sem autorização, pedir emprestado usando de artifício ardil, roubar por meio violentos, são sempre crimes, diferenciados, tão somente pela gravidade individual e pela pena a ser aplicada aos infratores, obviamente, se forem presos!

É incrível, como às vezes, a chamada inteligência humana, se é que se pode chamar de inteligência, o fato de subjugar o semelhante devido a sua condição social, devido a cor de sua pele, mas, como estava dizendo, é espantoso como há similaridade brutal, entre homem e animal e todos os seus aspectos!

Há uma espécie de formiga na Amazonas, a qual, instintivamente, invade uma outra colônia de formigas rivais, matam todas que encontram, sequestram suas larvas e levam para sua colônia.

Aguardam pacientemente o nascimento das formigas inimigas e em seguida, tornam-nas escravas, para fazerem o trabalho pesado que não tem coragem de fazê-lo. Após, vivem às expensas dessas outras, sem qualquer ressentimento, e àquelas por sua vez, sem nenhum hostilidade, se submetem ao labor sem queixas. Ora, não seria isso, o princípio da escravidão?!

Quantos desses senhores que aí estão, defensores dos direitos humanos que dizem ser, são defensores em gênero, número e grau, das teorias do "Führer?!"

Quantos desses homens conservadores, não guardam em seus porões como relíquias, instrumentos usados nas torturas, nos castigos, infligidos aos escravos brasileiros, trazidos à força, como animais do longínquo território africano?!

Vamos, senhores, hipocrisia tem limites!

Se assim não fosse, tantos não se "levantariam" ouriçados, a só ouvirem falar, fracamente, de alguma coisa, de algum decreto que possa beneficiar o povo negro, outrora escravizado...

CAPÍTULO XXIII

DELEITES DA UTOPIA

Se nesse momento, se nessa exata hora, toda a população branca do Brasil se convertesse em homens de bens e inexplicavelmente, passasse a apoiar incondicionalmente a cultura antirracista...

Se nesse exato momento, de uma vez por todas, fosse banida do seio dessa sociedade, de uma vez por todas, todo e qualquer pensamento de racismo, toda e qualquer atitude discriminatória para com a população negra, ainda seria bem pouco para compensar os prejuízos...

Ainda que o Brasil, nesse instante, se convertesse de uma só vez, em país da liberdade, da justiça e da igualdade em sua mais perfeita forma, ainda restaria muitos anos, para reparar todo mal que fizeram. Tanto fruto ruim plantado, não pode ser simplesmente arrancado, sem ter cimentar todo o solo com a "massa" da verdade e do amor!"

Após estudos, deduziu-se através da ciência, o seguinte raciocínio, que um indivíduo fumante, quando para de fumar, para limpar amplamente seus pulmões, demora o mesmo tempo que passou fumando. Ou seja, um indivíduo que fumou durante trinta anos e resolveu parar, levaria outros trinta para limpar seu carcomido pulmão...

Tão devastador quanto um vício, é quando prevalece contra todos os princípios morais, religiosos, espirituais uma política negligente, corroborada por toda a nação, pelos governantes e infelizmente, por seu povo.

Foram basicamente TREZENTOS E CINQUENTA anos de escravidão, de crimes hediondos, de política covarde, de desigualdade, de pura e cruel realidade, sem justiça e sem respeito, ainda assim, o Brasil, recusa-se a reconhecer sua culpa; ainda assim a população brasileira, insiste em continuar com aquela pretensa atitude do "não racismo!", ou como diria alguns políticos, do "pacto-social" entre brancos e negros, vivendo sob uma mesma bandeira, na mesma sociedade, na mesma terra!

Eu diria, que tal espécie de raciocínio e concepção é bastante simplista e mostra claramente, toda a vontade de uma população racista, demonstrar que as coisas permaneçam como está e como sempre estiveram: os negros calados, violados em seus direitos, surrupiados em suas ações, desarticulados em suas bases, ignorantes e o mais importante, "sambando e jogando futebol".

Assim, um negro jogador, bem sucedido, é tudo que a nação precisa, para exibir aos negros pobres e miseráveis, que todos tem direito a um lugar ao sol, todos podem vencer na vida. Porém, não dizem, que de um negro bem sucedido, há um outro milhão de branco que também o são, de um ou outro negro, que vence na vida sambando e cantando, existe um número de pessoas brancas, que vencem, sem sequer fazerem qualquer esforço...

Óbvio se torna que, as dificuldades impostas para se ter acesso as Universidade Públicas, Estaduais e Federais, é justamente, para impedir que parte da população, aliás, que parte maior da população, a qual deve englobar negros ansiosos por se ascender socialmente, caia no ostracismo e através da dificuldade imposta nos vestibulares, sejam vencidos, desistam e permitam que somente os brancos tenham acesso.

Os brancos, que tiveram condições de cursar boas escolas particulares quando crianças, que tiveram assistência psicológica, dentária, médica, etc.

Por que tanto esses senhores condenam à segregação a que foram condenados os judeus na Alemanha, através do confinamento em campos como os de Auschiwitz e no entanto, não percebem

que essa sua atitude não se diferencia nada

daquela...

CAPÍTULO XXIV

OS DOIS ÚLTIMOS EXEMPLARES

Os dois últimos remanescentes da raça ariana, atualmente moram no andar de cima do prédio em que eu habito desconfortavelmente.

Ela, legítima exemplar: olhos azuis, pela alva, cabelos loiros. Ele, cabelos loiros, pela alva. Ambos, unidos em tão perfeita afinidade de sentimentos e pensamentos, que a princípio, causa inveja aos desavisados.

Para não estender muito o assunto e não passar adiante, uma falsa concepção de seres que não existem, vou deixar bastante claro. Trata-se de dois legítimos "picaretas!"

Duas figuras bizarras, locomovem-se à beira da marginalidade, enganando a tudo e a todos. Dão golpe na praça, se apropriam dos bens alheios, e, não perdem oportunidade, para aplicarem em seu mais perfeito estilo "a lei do Gerson", ou seja, levar vantagem em tudo!

Seus filhos, como não poderia deixar de ser, seguem o exemplo dos pais. Não têm educação, são grosseiros, são estúpidos, são aproveitadores, sabotadores e como seus genitores, não perdem oportunidade para "passar a perna" no semelhante. Tais pais, tais filhos...

Vendo esses dois representantes, desfilando como casal especial, imagino aqui comigo, por que tanta discriminação?!

Se ser negro, ser homem de bem e sofrer discriminação e repúdio é repugnante, que vantagem se tem, ser branco, canalha, vagabundo e mau-caráter?!

Infelizmente, qualquer um desses dois senhores, brancos, aparecerem perante qualquer tribunal, qualquer gerente de banco, terão imediatamente, livre acesso e portas abertas, enquanto que o outro, simplesmente pelo fato de ser negro, já estará excluído, que vantagem há de se ser homem de bem, então?!

É inadmissível imaginar dois "trambiqueiros" de marca maior, aplicando golpes na praça e vendendo a imagem de bons e ainda serem acariciados pelas normas existentes!

É constrangedor, é verdade, o fato de ter que me ater a exemplos banais de personalidades, para representar minha indignação contra um sistema injusto e pessoas desavisadas.

Porém, mais grosseiro ainda é o fato de deixar claro, que a cor da pele, não tem muito a ver com a pobreza e a mediocridade pessoal. O que em outras palavras quer dizer, que brancos ou negros, quando têm que fazer m., fazem mesmo, independentemente de sua cor.

Outrossim, pior que todos os argumentos expostos, é imaginar toda a passividade e todo descaso, suportados ao longo dos séculos pela população brasileira, sem ninguém sequer, ousar erguer a bandeira da igualdade racial, sem partidarismo e sem parcialidade.

Pois, o brasileiro (seja branco ou seja negro), tem por hábito e por espécie de cultura, a indiferença. Estando ele, particularmente, bem, dane-se a causa alheia. E é com esse tipo de raciocínio que a sociedade racista se fortalece e um grande abismo se aprofunda cada vez mais, quando o assunto é igualdade entre os povos e raças!

CAPÍTULO XXV

EU TAMBÉM ESTOU NA CHUVA

Chover no molhado!"

Desconheço uma outra expressão tão trivial e simplória do que essa. No entanto, nenhuma, representa tão perfeitamente bem a situação que aí se encontra, onde todo mundo sabe que tal estado de coisas não pode prevalecer.

Todo mundo sabe que o sistema que tem como "mola-mestra", a segregação, a discriminação, o ódio, o desprezo, não durará para sempre. Exemplos, ao longo do tempo não faltaram, mas, enquanto não aparecer um camarada chato, enquanto não aparecer alguém para tocar na ferida, uma situação não se modifica!

Um impulso final e um empuxo fatal, sempre foi necessário, para por fim ou dar solavanco a vida, ou a morte. Veja-se por exemplo a invenção do avião, mil e um curiosos tentaram antes, mas, coube a um brasileiro, pouco expressivo (à época) a missão de tornar real, o sonho dos aventureiros, do telefone, do trem, do automóvel e até mesmo das mais simples invenções que passam despercebidas rotineiramente no dia a dia...

No entanto, sem aquele "empurrãozinho!" as coisas não tomariam forma...

É assim, que uma condição tão humilhante suportada durante tantos anos, durante tantos séculos, não pode simplesmente ser empurrada para debaixo do tapete como se não tivesse causado muitos danos e nem "muitos efeitos colaterais".

A população escravizada, em razão dessa frieza e indiferença que o Brasil tanto sofre pela desigualdade social e enquanto, não admitir a doença, obviamente não vai encontrar a cura, pois, o pior doente é justamente aquele que não admite seus males, consequentemente não pode alcançar melhora...

Enquanto os brasileiros não admitirem taxativamente em alto e bom som, para o mundo inteiro ouvir, que essa, trata-se de uma nação que foi, que o é, e que talvez sempre será racista, as coisas não mudarão. Porque a partir do instante, em que for detectado o câncer, será possível saber se é ou não de estágio terminal ou intermediário...

Portanto, paliativos não resolve muito a questão!

Enquanto alguns dos integrantes de uma sociedade se regozijar com as proezas perpetradas por uma gama de sujeitos inescrupulosos, gananciosos, ambiciosos que para atingirem seus objetivos não pouparam esforços, inclusive raptando seres humanos livres, para subjugá-los para sempre, arrebatando-o do seio de sua gente e de sua família, sem piedade, não haverá descanso para essas consciências! Não haverá descanso e nem AMOR entre esses povos!

CAPÍTULO XXVI

<u>COMO LIDAR COM A DISCRIMINAÇÃO RACIAL!</u>

Fecha os olhos e morre calmamente!
Morre sereno do dever cumprido!
Nem o mais leve, nem um só gemido
Traia, sequer, o teu Sentir latente.

- *Cruz e Sousa*

Primeiramente, como em todo grupo das chamadas autoajudas, é preciso antes de mais nada, aceitar o fato!

Como seria o aceitar o fato?

Pura e simplesmente se render aos acontecimentos como polo passivo e mais nada?!

Em absoluto!

E sim, entender que como existem olhares estereotipados devido a riqueza própria o do semelhante e só conseguem respeitar pessoas com o mesmo nível social e capital que si mesmos, existem aqueles que só conseguem, ver "como seres humanos", os seus pares, ou seja, pessoas de pele clara, cabelos lisos, olhos claros, etc...

Assim como na época de Galileu Galilei, não adiantou tentar explicar aos padres, bispos, papas e a população em geral, que não eram os astros do Sistema Solar que giravam em torno da Terra e não contrário, sob risco de vida, também não adianta explicar para certas indivíduos, que todas as classes sociais, na ordem geral do Universo tem lá o seu valor, todos os povos de todos os credos tem sua importância, assim, como todos os asiáticos, negros, amarelos, brancos, etc., tem uma missão perfeitamente enquadrada na ordem geral...

Enfim, conceito arraigado, é lenda: nem todo negro é ladrão, assim como nem todo cidadão que não seja dessa etnia, é honesto!

Não adianta aquela velha discussão sobre se dizer que o negro também é racista, etc., que não leva a absolutamente nada...

Qual foi o povo que escravizou outro povo?

Quem teve que fugir para as matas como bicho e montar verdadeiras favelas, no interior das selvas, a fim de fugir da maldade do homem branco, os chamados quilombos?

Quem foi exposto nas feiras como animal de estimação, reprodutor ou reprodutora?

Quem foi obrigado a transportar tonéis de fezes na cabeça e despejar no mar (à exemplo dos Tigres cariocas, à época do Brasil Império) ou nas portas do desafetos do seu senhor?

Quem morreu as centenas em transportes ilegais, conduzidos como galinhas ou como porcos?

Com a evolução da humanidade e com o "fim" da escravidão propriamente dita no país , restou o ranço da discriminação racial que atinge os países da África do Sul, Estados Unidos, Inglaterra e muito mais fortemente, o Brasil...

Este último, dissimulado como uma mulher, diz que não discrimina ninguém, mas, tanto o negro, quanto a própria mulher, os deficientes físicos, os pobres, os mendigos, etc., são completamente deixados à margem!

Isso é vida marginal!

Se parte dos negros que entendem o mecanismo da discriminação, pudessem compreender como funcionam, os poucos que atuam no crime, mudariam completamente de vida, para pelo menos, fazer a sociedade "morder a língua!"

Aceitar o fato, é verdade, é tão constrangedor o quanto perdoar de todo sentimento!

Perdoar sem deixar vestígios de ódio não é fácil, assim como não é fácil, aceitar o indivíduo que declaradamente odeia pela cor de sua pele, porém, sem esse mecanismo de defesa e luta o sofrimento tornar-se-á muito mais constrangedor!

As mulheres são doutrinadas assim!

As crianças são ensinadas assim!

As polícias recebem essa herança, vinda das profundezas dos porões dos navios negreiros*, até hoje!

Passe um branco com um quilo de cocaína na mala e passe um negro com uma marmita na bolsa, este, será imediatamente abordado!

Que é isso? Discriminação racial?

Não meus caros, educação social, ensinada no Brasil!

Desce do espaço imenso, ó águia(1) do oceano!
Desce mais ... inda mais... não pode olhar humano
Como o teu mergulhar no brigue voador!
Mas que vejo eu aí... Que quadro d'amarguras!
É canto funeral! ... Que tétricas figuras! ...
Que cena infame e vil... Meu Deus! Meu Deus! Que horror!

Era um sonho dantesco... o tombadilho
Que das luzernas avermelha o brilho.

Em sangue a se banhar.
Tinir de ferros... estalar de açoite...
Legiões de homens negros como a noite,
Horrendos a dançar...
Negras mulheres, suspendendo às tetas
Magras crianças, cujas bocas pretas
Rega o sangue das mães:
Outras moças, mas nuas e espantadas,
No turbilhão de espectros arrastadas,
Em ânsia e mágoa vãs!
*(Trecho de *Navio Negreiro – CASTRO ALVES).*
(1) 1 - NOTA MINHA: Albatroz

CAPÍTULO XXVII

DEUS NÃO PUNE O HOMEM...O HOMEM PUNE O HOMEM!

Olhando em torno e somente me atendo a isso que existe, pode até parecer que Deus sempre puniu os homens, diante de tanta desigualdade, maldade, frieza e egoísmo que prepondera. Duas questões antecipam-se a tudo, no entanto!

Primeiro, é sobre a existência de Deus, segundo é sobre as injustiças!

Sobre a primeira questão, entrarei em detalhes a seguir, quanto as injustiças e punições, desde que passei a avaliar o que ocorre, friamente, desde as antigas guerras, até as mais atuais, não encontrei nenhuma delas, onde Deus ordenasse o ataque de algum exercito contra outro, diretamente.

Quanto as chamadas "guerras santas", quem senão outra (Igreja Católica), que criou essa definição, para justificar tantas coisas inacreditáveis, que não cabe aqui mencionar?

O sistema político arcaico, as contradições jurídicas, as picuinhas partidárias, a violência e incoerência policial, o fanatismo pelo futebol, pelo carnaval, o descumprimento das promessas pelos políticos, a mentira dos governantes, etc., os vícios, as mortes no transito, a desigualdade social, a "sede" empresarial, etc., não são , como se pode ver, obra de um Ser

Criador, que ama incondicionalmente seus filhos!

É obra do homem!

Logicamente,   observado certas coisas do ponto de vista tão somente humano, ver-se-á flagrante contradição: os maus que não são punidos, a morte de entes queridos, a falta de oportunidades, mas, observados de uma perspectiva mais ampla, usando toda uma lógica diferenciada, tudo começa a se encaixar: nada acontece por acaso...

"...O acaso é uma palavra que carece de sentido e nada pode existir sem causa. O mundo está disposto segundo leis matemáticas, portanto, disposto por uma inteligência.

A formação do mundo não pode ter sido presidida por um ser inteligente como eu, pois, sequer posso forma um verme de queijo. Portanto, este mundo é obra de uma inteligência prodigiosamente superior'.

Sobre a primeira questão: 'esse Ser, que possui inteligência e potencia num grau tão alto, existe necessariamente? Deve existir, pois é preciso que eu tenha recebido seu ser de um outro, ou que SEJA, por sua própria natureza. Se recebeu seu ser de um outro (o que é muito difícil de se conceber), é preciso, portanto, que eu recorra a esse outro, que será , então, o primeiro motor.

Para qualquer lado que me volte, devo admitir um motor primeiro necessariamente potente e inteligente por sua própria natureza.'

'Esse primeiro motor produziu as coisas do nada? Isso não é concebível; criar do nada é mudar o nada em alguma coisa. Não devo admitir uma tal produção, a menos que encontre razões invencíveis que me forcem a admitir aquilo que meu próprio espírito não pode jamais compreender!'

'Tudo o que existe parece existir necessariamente, já que existe. Pois, se há atualmente uma razão para a existência das coisas, houve uma antes e em todos os tempos..."

VOLTAIRE *(Dicionário Filosófico, Seção Quarta – Manual de Filosofia Antiga).*

Faço dele as minhas palavras e imaginar que o João Magueijo (Criação do Canal Discovery), Carl Seigan e mais recentemente Stephen Hawking, tenham defendido tão ardorosamente, a Teoria do Big-Bang, segundo a qual, tudo surgiu do nada e para o nada voltará!

Mas, como eu dizia, Deus não pune ninguém, deixa isso, a cargo do próprio homem. Pois, enquanto se ocupa particularmente de todos os nossos problemas por mais pequeninos que sejam, (inclusive) , tem outras ocupações maiores, assim, como por exemplo, criar universos paralelos, outras dimensões, criar outros seres, criar novos mundos, constelações, nebulosas, buracos brancos, buracos negros, além das eternidades, etc!

Em suma, dinheiro, poder, prestigio, governos, etc., para Deus, tem tanta importância, o quanto "a lama e o pedregulho!"

Para Deus, o político famoso, importante, o astro de Hollywood e o mendigo e o drogado, cachaceiro, tem a mesma importância e os ama do mesmo modo, não importa nesse momento o quanto você torça a cara... é assim que é; e é assim que foi ao longo das eternidades, caso contrário o mundo não seria como é e por mais que o homem tenha feito para destruir a vida, ela continua intocável, exceto a morte!

CAPÍTULO XXVIII

MELHOR PREPARAÇÃO DOS MAGISTRADOS!

Recente conceito veio à tona de um desses órgãos oficiais: que os juízes deveriam ter uma melhor preparação, antes de assumirem a toga, antes de julgarem o semelhante. Afinal de contas, vai se lidar com o destino de vidas humanas e isso será imensamente cobrado amanhã, de uma forma ou de outra...

"Descobriram o Brasil!"

Nesse país, onde boa parte da população é pobre, outro tanto é ignorante e outra, fazem parte... "das torcidas organizadas!" é incompreensível entender que somente hoje, pode se perceber isso!

Num país, onde pouquíssimos mesmos tem acesso a Curso Superior, é mesmo inadmissível, que um futuro juiz, não entenda os problemas intrínsecos de sua sociedade! As aflições mais aguçadas de seu povo!

A pergunta que se faz é a seguinte: por que para o médico que vai lidar com vidas humanas, é exigido período de residência para entender e compreender os assuntos relativos a sua função, (o que não quer dizer que com isso aprendam significativos ócios de seu ofício, pois, existe médico que para cavalo só falta a ferradura), a como lidar com pacientes e etc, por que para o juiz, que vai definir (abençoar ou desgraçar) o destino de um homem, não se lhe exige um estágio, no início, no meio ou no final da Faculdade de Direito?!

É por isso, que muitas vezes, vemos sentenças absurdas, Juízes favorecendo sua classe social (no caso, a classe alta), em prejuízo das outras classes, em detrimento da importância da função que ocupam!

É por isso, que a impressão clara que se dá, é que a justiça torna-se somente cega, "para assuntos de seu pleno interesse!" e mais: longe de ser uma crítica, isso é um fato que muito me entristece, em saber que a importância do cargo, em nada modifica o caráter de um homem! Se fosse assim, o Juiz Federal, Rocha Matos, já rico, nunca com seu salário,agiria como agiu   e venderia sentenças...

Sabe por causa de que?

Por   causa   da   falta   de experiência! Por causa da falta de vivência! Por causa da falta de interação com outros seres humanos e finalmente, por causa da ambição desenfreada e por causa do egoísmo!

Tivesse   um   homem   como esse, com um salário astronômico para os padrões Brasil, feito um estágio antes, acompanhado a situação do seu país, dos seus irmãos brasileiros e se não estivesse, é claro, corroído pelo egoísmo, de duas uma: ou se sensibilizaria em um futuro próximo e seria um "pouquinho" menos ambicioso ou abandonaria a carreira, antes de assumir o cargo!

Por fim, carreiras típicas, como a de Juíz de Direito, Promotor de Justiça e etc, teriam necessariamente que realizar , estágio de ascensão, para evitar a quantidade de injustiça e descalabro que se tem constatado!

Acredito que isso nunca venha a vigorar, tendo em vista, tanta coisa ruim que existe nesse país , outrossim, acreditando que isso fosse possível, seria imensamente salutar para a sociedade, a polícia, e o MP, etc., o Poder Judiciário, voltar a acreditar que seus juízes não são deuses, são homens, capazes de cometerem (e com efeito o cometem), erros gravíssimos. Por "n" motivos burocráticos, condenando muitos outros e colocando na rua outros tantos, sem uma avaliação criteriosa, por que? Pela falta de experiência!

Não sabem suas Excelências, que o bandido assim, como o drogado, são incapazes de gerir o próprio destino. Estão impossibilitados de controlar o seu desejo pelo vício, no caso, pelo crime!

Quando presos, privados da liberdade, sentando-se diante dos magistrados, prometem mundos e fundos, soltos, voltam inevitavelmente, rapidamente a prática criminosa, finalmente, profissão: bandido!

Os juízes, por sua vez, sob o pretexto de serem reféns de uma legislação ultrapassada, apenas se limitam a cumprir rigorosamente o que essa lei reza, sem questionar, sem contatar sua categoria, a fim de sensibilizar parlamentares e mudar essa cruel legislação, dizendo-se também, vítimas(?!) eles, justamente eles, os seres que de fato e de direito possuem o poder em suas mãos, e, diga-se de passagem, um razoável salário em seu bolso!   Se "julgam", impossibilitados!

Outro dia, li num jornal, (de uma dessas autoridades, não do poder judiciário), uma declaração no sentido de que, as polícias de São Paulo, (Civil e Militar), tem que se tornarem-se " modelo", segundo ele, seguindo os moldes da Polícia Nova-iorquina, onde o tolerância zero deu certo.

Tem gente que muitas vezes durante toda sua

existência, perde a maior oportunidade, na face da Terra de... permanecer caladas!

Primeiramente, porque, para abordar   semelhante questão , seria necessário remontar   ao início da ocupação do Brasil por nossos compatriotas lusitanos, onde este país, fora apenas colônia de exploração, enquanto que os EUA, fora uma colônia de povoamento!

Enquanto que numa, houve sob todos os aspectos a degradação, sucateamento, exploração, na outra, houve o investimento, a civilização, comprometimento, etc! Tenha-se ideia do fato pelos filmes de faroeste: vaqueiros, cavaleiros, cavalheiros, sherifes, damas, cassinos, etc. Guerras pela liberdade, apesar de predominar o racismo!

No Brasil, o racismo predominou sempre, mas nunca houve guerra para o evitar, quanto a comparação das polícias, é algo assim, no mínimo "aterrador!"

Como exigir tolerância zero, de uma polícia: pessimamente remunerada, completamente deseducada, insatisfeita, manipulada politicamente! Como exigir tolerância zero, de uma polícia, onde a maioria de seus homens, trabalha em horário extra, fazendo bico para garantir "um extra" , não contando com o apoio do governo em suas lutas e em suas atividades em geral?

Como exigir tolerância zero de uma tropa, cujos homens, também moram no "morro", na favela, e tem que dividir seu espaço com seus familiares e marginais?!

Um policial em Nova York, de Manhattan, em 2010, ganhava exatos (como dizem): U$ 107.000,00 (cento e sete mil dólares), ANO, o que daria U$ 9000,00 mensais, algo em torno de R$ 16.000,00 , (dezesseis mil reais) , por mérito e respeito a serviços prestados, é aposentado aos 20/25 anos de atividade, aqui... então, nessa hora, o que poderia gerar em prol, torna-se totalmente contra: "mas não se pode comparar!"

Para disciplina, é tolerância zero, para salário não há tolerância alguma! Não há reajuste! Não há data base! Não há pagamento de indenizações e o policial , cuja atividade é de risco extremo, em sua aposentadoria (sem desmerecer nenhuma outra categoria, pois todas, possui seu valor), segue as mesmas regras do trabalhador comum: 30/35 anos, etc.

Por fim, voltando aos Juízes e Promotores, seria de bom alvitre, que pelo menos acompanhassem numa delegacia (assim , como pelo menos o Promotor, o faz nos EUA), a elaboração de um Boletim de Ocorrência, de um Auto de Prisão em Flagrante Delito, etc., para poder olhar o bandido , o policial e as vítimas nos olhos e sentir o que sentem... sair de seus gabinetes, suspender um pouco suas togas e partilharem um pouco da sociedade comum!

Com atitudes semelhantes, com certeza, não modificariam o Brasil, mas, pelos contribuiriam para que uma futura geração, sei lá daqui a quantos séculos, o façam e, ainda por cima, poderiam dizer para si mesmos: "fiz a minha parte!"

CAPÍTULO XXIX

O EMBRUTECIMENTO REMONTA AO PRIMITIVISMO!

Um dia agente aprende e descobre que se leva anos para se construir confiança e apenas segundos para destruí-la, e que você pode fazer coisas em um instante, das quais se arrependerá pelo resto da vida...

William Shakespeare

Com o tempo, toda bela e nobre profissões, por motivos que só dizem respeito a Psicologia e Psiquiatria, talvez, tornam-se completamente indiferentes. Aí surge o desprezo, a frieza, o orgulho e consequentemente o erro...

Daí, não se poder colher no futuro ou na velhice brisa se plantou tempestade, é um chavão ridículo, ultrapassado, é verdade, mas, não encontro outra explicação, para quando me deparo com velhos carcomidos, desequilibrados, loucos até, senão, para aqueles que usaram muito mal o livre-arbítrio no passado. Não há outra explicação!

Eu, dentre minha consciência pesado e meu desejo de acertar, vez ou outra me recordo de coisas que fiz no passado, das quais eu faria qualquer coisa para reparar nesta vida. Eu, um ser insignificante qualquer. Imagine-se, por exemplo, um Juiz que condena um inocente à prisão e dessa condenação, o desgraçado encontre a morte num presídio ou arda no cárcere, enquanto seus filhos, padecem à míngua... inevitavelmente, a vida cobra! Shakespeare, falou sobre isso.

Houve sim, época na minha vida, em que eu acreditava em tudo que eu acredito hoje, porém, fazia tudo diferente, porque, pensava, que o tempo demorava bastante para passar, Deus, a Força Suprema do Universo, sempre me esperaria errar a vontade, e sempre me daria uma segunda chance!

Porque "Ninguém é tão sábio que nada tenha para aprender, nem tão tolo que nada tenha pra ensinar" (Blase Pascal), é preciso adquirir humildade, através simplesmente da leitura dos grandes pensadores, que sempre atribuíram a outrem (humildemente), o grande segredo de suas vidas.

"Quando você pensa que sabe todas as respostas, vem a vida e muda todas as perguntas", (Luís Fernando Veríssimo), conclusão: a vida inteira é um aprendizado. De modos, que se torna inexplicável, como os seres (em geral), ao assumirem: posto de comando; posição de destaque; o poder da "caneta", a riqueza inesperada... mudam completamente!

Falam muito e fazem pouco! Não se lhes interessa o sofrimento nem a dor do semelhante e está aí instalada a suprema contradição: senhor de sua consciência com poder de vida e de morte sobre os animais, a inteligência como que dominada pelo instinto, remonta a sua origem, e torna homens civilizados em espécime "bruta", voltada, como disse anteriormente, aos interesses primários: comer, beber, dormir e procriar!

Não apontarei defeito de ninguém!

Aliás, apontarei o defeito, mas, não revelarei o nome!

Uma certa conhecida minha, casada com um outro conhecido, etc. Casamento contraído com "união de bens", ou seja, união da miséria e da fome, findo um período de privação (que nunca deixou de bater a minha porta), começaram a ganhar vultosas quantias em dinheiro, de maneira misteriosa, (para não dizer ilícita), já foi o bastante, para a mulher mudar o suficiente, para por exemplo, entrar num restaurante e para quem não tinha dinheiro para comprar ovos para o almoço ou jantar, chegaram a gastar R$ 400,00 (quatrocentos reais), em refeições rotineiras, pode?!

O dinheiro nessas pessoas, modela o caráter, enquanto para o homem equilibrado, a oração equilibra o espírito!

É uma simbiose total!

Voltando as profissões, esses, que são amplamente privilegiados de todas as formas, com dinheiro, fama, respaldo, deveriam repensar melhor sua postura, pois, o inverno pode chegar e pegá-los desprevenidos, a caminho do inferno, criado por eles mesmos!

Evidente se torna então: "que o homem não morrer quando deixa de viver, mas, o homem morre quando deixa de amar!", baseado nisso:

"Ainda que eu falasse as línguas dos homens e dos anjos, e não tivesse caridade, seria como o

"A caridade é sofredora, é benigna; a caridade não é invejosa; não trata com

metal que soa ou como o sino que tine".

"E ainda que tivesse o dom de profecia, e conhecesse todos os mistérios e toda a ciência e ainda que tivesse toda a fé, de maneira tal que transportasse os montes, e não tivesse caridade, leviandade; não se ensoberbece".

"Não se porta com indecência, não busca os seus interesses, não se irrita, não suspeita mal. Não folga com a injustiça, mas folga com a verdade".

"Tudo sofre, tudo crê, tudo espera, tudo suporta".

"nada seria." *"Agora, pois,*
" E ainda que *permanecem a fé,*
distribuísse toda a *a esperança e a*
minha fortuna *caridade. Mas a*
para sustento dos *maior destas é a*
pobres, e ainda *caridade" (Paulo,*
que entregasse o *I Coríntios, cap.*
meu corpo para *XIII, vers. 1 ao*
ser queimado, e *13)*
não tivesse
caridade, nada
disso me
aproveitaria".

E impossível deixar passar, sem citar o Senhor do amor: " **N**aquele tempo, disse Jesus a seus discípulos: "Como meu Pai me amou, assim também eu vos amei. Permanecei no meu amor. Se guardardes os meus mandamentos, permanecereis no meu amor, assim como eu guardei os mandamentos de meu Pai e permaneço no seu amor.. Eu vos disse isto, para que a minha alegria esteja em vós e a vossa alegria seja plena. Este é o meu mandamento: amai-vos uns aos outros, assim como eu vos amei.

Ninguém tem maior amor do que aquele que dá sua vida pelos amigos. Vós sois meus amigos, se fizerdes o que vos mando. Já não vos chamo servos, pois o servo não sabe o que faz o seu senhor.

Eu vos chamo amigos, porque vos dei a conhecer tudo o que ouvi de meu Pai. Não fostes vós que me escolhestes, mas fui eu que vos escolhi e vos designei para irdes e para que produzais fruto e o vosso fruto permaneça. O que então pedirdes ao Pai em meu nome, ele vo-lo concederá. Isto é o que vos ordeno: amai-vos uns aos outros".

As lições foram contundentes. Que digo? São totalmente atuais. Por isso, surgiram as novas religiões com seus novos "falsos profetas", enganando o povo que desde àquela época ainda corre, em busca de cobertura, segurança econômica, segurança social, saúde, educação, amor e Justiça. Esta última, NUNCA, eu disse, NUNCA sairá das mãos de um homem pecador como e você, mas, pode este homem, pelo menos minimizar os estragos e viver cada dia, respeitando a vida e ao próximo, como se fosse o último.

CAPÍTULO XXX

ALGUMAS PERGUNTAS TÊM SUAS RESPOSTAS!

Veja-se, por exemplo, essa senhora!

Vida tranquila, salário estupendo, casa de campo, casa na praia, férias múltiplas, etc.!

No entanto, sem pestanejar, toma de sua caneta e assina uma desocupação de terra, desdenhando a vida de mais de seis mil pessoas, sobre o pretexto de estar cumprindo, simplesmente a lei, proporcionou por conta própria, espetáculo circense, para não dizer catastrófico, onde os personagens principais nada mais foram, do que senhoras idosas, senhores, mulheres e crianças...

...Mais tarde, cumprido seu turno, vai para sua casa, (logicamente, muito bem escoltada), um pouco mais rápido , é verdade, para não perder o chá das quatro!

Enquanto isso, "o coro comia!"

A tropa de choque, mais uma vez, invadia!

Bombas de gás! Bombas de efeito moral (ninguém nunca pergunta e nem fala por que bomba de efeito moral. Chama-se assim, porque a sua explosão é tão forte, que parece causar grande dano, mas não causa, porém, seu barulho, desnorteia), cassetetes, "porrada", arrastões, empurrões, prisões, etc.

A pretexto de consolidar justiça e cumprir as leis, a própria justiça atropela a lei e passa por cima dos direitos humanos!

Desde quando cumprir justiça, deve determinar-se que milhares, milhares de pessoas sejam jogadas a própria sorte de um dia para o outro, sem uma prévia orientação, sem uma qualquer organização, sem respeito as crianças e sem respeito a vida?!

Felizmente, não somente eu, mas o mundo não concorda com essa espécie de justiça, principalmente porque, os interesses escusos, por trás de tudo, não passam mais desapercebidos!

Enquanto isso, os Policiais Militares, como cães adestrados, violentos e estraçalhadores, partem para cima de mulheres e crianças, como se estivessem numa verdadeira guerra. Ora, mesmo na guerra todo mundo sabe, que violência praticados contra essa gente, é tido como crime de guerra. No entanto, aqui no Brasil, a lei e a justiça, funciona às avessas!

Fato é que, para algumas perguntas, eis aí suas respostas: a violência!

O juiz, tem que cumprir a lei, ma, se não respeitar a vida e não ter sensibilidade, de que adianta, passar-se por representante da sociedade?!

CAPÍTULO XXXI

<u>O ENBRUTECIMENTO REMONTA AO PRIMITIVISMO!</u>

Hay que endurecer-se pero sin perder la ternura jamas! *

CHE

Instinto: *Instinto designa em psicologia, etologia, biologia e outras ciências afins predisposições inatas para a realização de determinadas sequências de ações (comportamentos) caracterizadas sobretudo por uma realização estereotipada, padronizada, pré-definid.a Os mecanismos que determinam a influência genética sobre os instintos não são completamente compreendidos, uma vez que se desconhecem as estruturas genéticas que o determinam. Instintos são típicos do comportamento animal, sobretudo com relação a comportamentos que favorecem a sobrevivência da espécie (acasalamento, busca de alimento, construção de ninhos, fuga). Os comportamentos instintivos podem assumir formas muito complexas, com longas sequências de ações especializadas para determinados fins (ex. a reprodução e a alimentação de insetos. O conceito de instinto, uma vez que ele conduz a um determinado comportamento, foi também alvo desses estudos da psicologia da motivação, esta preocupada em explicar as razões que levam o ser humano a agir. Uma explicação baseada no modelo de instinto* *apresentado acima faria da ação final o estímulo que levaria o indivíduo a praticar outras ações (ações de apetência), com o fim de atingi-la.*

<u>Inteligência</u>: *Inteligência pode ser definida como a capacidade mental de raciocinar, planejar, resolver problemas, abstrair ideias, compreender ideias e linguagens e aprender. Embora pessoas leigas geralmente percebam o conceito de inteligência sob um âmbito maior, na Psicologia, o estudo da inteligência geralmente entende que este conceito não compreende a criatividade, o caráter ou a sabedoria. Conforme a definição que se tome, pode ser considerado um dos aspectos da personalidade.Latim intellectus de intelligere = inteligir, entender, compreender. Composto de íntus = dentro e lègere = recolher, escolher, ler.* ☐

Faculdade que a alma tem de formar ideias gerais, após tê-las criticado e distintiguido por meio do juízo; mais concretamente, "modo de entender". Figurativamente: espírito, conceito, significado de algo, particularmente de um vocábulo ou de um escrito.

☐ *Latim intelligentia de inteligens = inteligente. Intelecção: intus legere actionem = ler dentro da ação, compreender dentro*

☐ *Faculdade exclusivamente psíquica e, portanto, espiritual, para compreender em evidência a ordem causal da ação ou do fato. Faculdade que conhece e identifica as formas essenciais e causais de qualquer coisa ou evento.*

☐ *Faculdade e atitude a entender prontamente. O ato de compreensão e distinção: cognição, explicação. O "entender-se" entre mais pessoas e, portanto, acordo, união.*

Sem dúvida, este (embrutecimento), não é o objetivo da atividade humana, mas por certo, por continuar a agir como "não civilizados", a humanidade, cai no embrutecimento, pois que, o costumes geram o hábito e este, sem ser bom, gera o vício!

No tocante as profissões, existem aquelas que andam na contramão do acima exposto, ou seja, é preciso adquirir o hábito, e nunca se tornarão um vício. Isso talvez se explicaria, pela capacidade que o homem com sua inteligência tem, de procurar sempre algo melhor, ou como se diria na Física, onde "um objeto tende a seguir uma trajetória, onde encontre menos resistência!"

Sendo assim, se em algumas profissões, o sujeito não adquirir o hábito... vai sofrer! Vai sofrer! Profissões do tipo: servente de pedreiro, ajudante de cozinha, funileiro, limpador "aéreo" de janelas, operador de... britadeira, etc., etc., ou acostuma-se ou então...

No entanto, na ordem natural das coisas, todas, todas profissões são importantes!

Porém, a condição social de algumas personalidades, o nascimento num lar privilegiado, proporciona a algumas pessoas a possibilidade de se esclarecer um pouco mais e cursarem uma Universidade.

Formam-se, e vão lá exercer suas atividades, cuja exigência requer o chamado Nível Superior, ganhando, geralmente um bom salário e automaticamente, com o passar dos anos, passam a desdenhar da sociedade, passam a desmerecer o desfavorecido da sorte, não entendendo (eles que tiveram todas as possibilidades) como ainda pode existir ignorância no mundo, pessoas sem esclarecimentos, tendo em vista "que se esforçaram" e conseguiram!

A diversidade de caminhos na vida, é infinita!

Quantos há, que sonhavam em ser piloto de avião e se tornaram, catadores de papel? Quantos existem que queriam ser médicos e conseguiram terminar sequer o primeiro grau? Quantos pelo mundo afora queriam ser Juízes, Advogados, Promotores e não passam de "Office-Boys", ou melhor, "Office-Mens?"

Em suma, todos deveriam (e isso definitivamente não vai acontecer), viver o dia a dia de sua profissão como se fosse o último, em respeito a tantos outros, que comem do que não gostam e recebem o que não querem!

Porém, ao invés disso, certas pessoas com esse perfil, bem remunerados, bem colocados socialmente, bem formados, etc., tornam-se déspotas, materialistas, só rendem culto a posse, só rendem respeito aos seus familiares (não que, salvo as proporções não o devam), favorecendo dessa forma, sobremaneira, o nepotismo.

Onde os políticos, "talvez" por caridade e amor ao seu próximo (e bota próximo nisso, emprega todos os seus entes queridos, a fim de garantir-lhes um futuro melhor), empregam mães, pais, filhos, netos, bisnetos, cunhados e assim por diante... ou será que eles seriam "bobos" o suficiente para darem oportunidade a outros membros da sociedade?! Mas, é proibido! Para os políticos não há lei, sem respeito e nem solidariedade!

Porém, há aqueles que fogem a regra!

Quer dizer, foge a regra no que tange a ocupar um cargo relevante e num cargo, dito, secundário, já mostra sua total incapacidade para lidar com o semelhante de bom grado!

Estive outro dia, em um pronto socorro público, para rápido (que na verdade, é bastante lento, bem lento mesmo) atendimento, quando uma criança, entre 7/8 anos passou mal e seus pais horrorizados e todos nós enfim, gritavam para o atendente chamar o médico e o desgraçado, completamente impassível, sequer olhou em direção a criança, o que me fez lembrar de uma célebre frase: "Se você é capaz de tremer de indignação a cada vez que se comete uma injustiça no mundo, então somos companheiros" Che.

Ao que tudo indica, aquele sujeito, não é companheiro de ninguém... pobre de sua mulher ou do seu marido... pobre dos seus amigos ou de seus parentes ou de seus filhos!

O que acontece é o seguintes: o que molda o caráter de um homem é seu espírito e seu gênio, razão pela qual pode existir por exemplo, um péssimo lixeiro, cujo corpo é habitado por uma má alma, e existir um excelente médico, cujo organismo é animado por um bom coração, um nobre espírito, porém, a regra não é essa!

A regra não é essa, pois, toda às vezes, que no mundo vem à baila: dinheiro, poder político, melhor profissão e posição social, o homem CEGA! O espírito cheio de boa intenção, sucumbe à tentação do dólar e do Euro!

Para não ser injusto: da Libra também, das Pecetas... etc, do Real, bah!

O homem promete ser justo e conivente com o semelhante, promete assumir um pacto social, para melhor seu meio, mas, no final, prefere mesmo fazer um pacto com o diabo e preservar seu patrimônio material, por muitos anos! É assim que funciona! É dessa forma que a vida é!

Se uma palavra do que aqui é dito, fosse mentira, no que toca ao apego e outras coisas, mais, os ensinamentos do Cristo, não fariam mais sentido, mas, cada dia, cada palavra que foi dita há mais de dois mil anos, continuam contundentes e presentes: "amai ao próximo como a vós mesmos!"; "perdoai setenta vezes sete!"; "embainha a tua espada!"; "raça incrédula e depravada até quando vos sofrereis?!" etc, etc., etc.

Remontando ao início, quando dos pensamentos acima citados, Voltaire, tem razão quando diz que um animal, nada deve a outro, enquanto que abaixo inteligência e instinto em sua definição, deixa claro, que o homem ainda se confunde em seus atos, com o que ali consta!

Uma vez que a maioria sobreviver por "instinto" e, as necessidades primárias, sobrepõem-se as terciárias: comer, beber, dormir, acasalar, procriar, morrer! Enquanto que fatores primordiais da inteligência, tida como *Faculdade e atitude a entender prontamente. O ato de compreensão e distinção: cognição, explicação. O "entender-se" entre mais pessoas e, portanto, acordo, união..." a gerar a concórdia e comprometimento, não existe!*

Ao que tudo indica, no entanto, esse mal, não atinge somente aos homens, atinge as mulheres inconscientemente, as quais, necessitando de segurança, estabilidade e guiadas por um sentimento desconhecido, optam primordialmente, por homens com poder econômico elevado, pouco incomodando-se com o tamanho da "pança". Mais tarde, insatisfeitas, com a falta de satisfação do instinto sexual, tentam a todo custo, "acasalarem" fora do casamento, daí, as traições, as brigas, os ciúmes!

O homem, apesar de promíscuo na maioria das vezes, opta mais por uma mulher bonita, com formas avantajadas, etc., pouco importando o tamanho de sua conta bancária, exceto se esse homem for o meu amigo... deixa para lá! Logicamente, nessa faixa não se encaixa os estelionatários, cujo defeito de caráter, os leva a "darem 'chapéu" na própria mãe, quanto mais no semelhante, quanto mais nas mulheres!

Porém, voltando a profissão é lastimável, quando a rotina de uma profissão, o costume, o hábito, torna uma pessoa completamente indiferente aos problemas do próximo, quando leva mais em consideração com o que se passa em torno e, como que

INSTINTIVAMENTE, passa, por exemplo a DESPACHAR: "solta! Prende! Prende! Solta!"

Ou no atendimento médico "à jato": pode 'entrar o próximo! próximo"... onde, entre a entrada do paciente e a saída não leva mais que cinco minutos!

A Saúde Pública, está doente; a Justiça, está "dominada" e a polícia contaminada!

O que resta fazer?

Jogar todas as fichas no que possa vir após a morte, porque nessa vida, melhora geral, vai ser difícil!

*gostaria imensamente de encontrar uma tradução sistemática, que transcrevesse para nosso idioma, o real sentido da frase acima. Em todos os locais que pesquisei, essa simples "palavrinha" **HAY,** "derrubou" todo mundo. Não sou "expert' em tradução, mas, é notório saber que buscar transcrever o significado apenas pela grafia de uma palavra, sem levar em consideração a ideia do pensador, é um verdadeiro "atropelo", razão pela qual, em todas as traduções que pesquisei, lá consta: "Há que endurecer-se sempre, sem jamais perder a ternura!" Tal frase, e mais *ainda, tal palavra traduzida de tal forma, inverte completamente as ideias do pensador, assim, como do inglês para o português, certas frases, ao pé da letra, não fazem o menor sentido, e a recíproca é igual. Imagine-se um americano ouvindo a frase: "cê tá causando..." como o miserável traduziria?! E assim, sucessivamente, com efeito, o verbo Haver na Argentina, não sendo usado em toda sua nuança, como é usado aqui no Brasil, etc, eu diria que a frase, foi no mínimo traduzida de forma nebulosa, quando simplesmente, Ernesto Che Guevara, quis dizer tão somente, algo do tipo: "há intempéries que podem até tentar endurecer sua alma, mas, ainda assim, jamais perca sua ternura!"*

CAPÍTULO XXXII

PARTE FINAL

POR QUE OS NEGROS SÃO NEGROS E ALGUNS BRANCOS NÃO O SÃO?!

Muito, muito bem, a bem da paz e da tranquilidade da sociedade, procurar silenciar minhas mais profundas especulações mentais, sentimentais.

Porém, contestando ou não, pouca diferença faz. Sendo assim, para desencargo de minha própria consciência e para indignação de parte de alguns incomodados, seguirei meu trajeto em busca de com alguns pingos d'água, para jogar sobre esse incêndio, que ameaça destruir sutilmente as aspirações aos brasileiros, no intuito de tornar o abismo entre as pessoas, menos extenso!

Este capítulo tem uma "dedicatória especial", a todos àqueles fingidos, hipócritas, etc., os quais, astutamente, dissimulando suas reais intenções, arvorados em pretensos defensores da causa dos desfavorecidos, neste caso, os negros, lançam mão de sua influência, e sem respeito à memória de todos os mortos, assassinados nas lavouras, mortos as centenas nas senzalas.

Arrebatados de sua terra natal abruptamente, nos navios negreiros, ainda são desrespeitados por esses pretensos defensores da causa. Boa parte desses senhores, são descendentes daqueles defensores das causas semitas, os quais, no final, mostraram a que vieram...

A população brasileira, ainda não se contentou. Na verdade, nunca aceitou. Nunca viu com bons olhos a intervenção inglesa em assuntos tão particulares. Um grande absurdo! Absurdo maior, no entanto, é estar discutindo assuntos tão remotos, porém, bastante aperfeiçoados, dissimulados e nunca estiveram tão atualizados quanto agora.

Esse senhor, o qual vou chamá-lo de NF, primeiro porque não quero identificá-lo, segundo, porque não quero e nem pretendo transformá-lo de alguma forma, personagem principal dessa odisseia sem final delimitado!

Pois bem, esse senhor, teve o disparate de escrever em determinado jornal, (Diário do Comércio e Indústria), uma crônica, aliás muito mal escrita, satirizando os negros, vereadores, autoridades, ocupantes de cargos públicos dessa outra etnia e pasmem: "a edição do jornal deve ter achado muitíssimo engraçado, pois, deixou tal matéria vir a público, sem qualquer corte!"

A matéria denomina-se: "Quero Minha Borsa Negão!" e mais alguma bobagem, que não ouso continuar!

Obviamente, no Brasil, só o fato, de lerem ou ouvirem semelhante frase, muitos devem estar (e isso é automático), com sorrisinhos discretos, dizendo rapidamente: "isso não é verdade, não existe racismo no Brasil!"

Se a matéria, a princípio possa até parecer engraçada, numa análise mais aprofundada e isso eu me propus a fazer, percebe-se nitidamente a cara racista do Brasil que ninguém ousa falar, que ninguém ousa admitir!

Isso, me deixa bastante constrangido, pois o nação brasileira, tem tudo para ser melhor e não o será até que tenha expurgado do seu seio e do seio desse povo, essa maldição constituída que ainda perambula altiva, no meio de todos, tentando de todas as formas, tentando a tudo custo, deixar transparecer, que a pátria é só dos brancos, embora toda sua maioria seja negra...

Fico triste, pois pela minha curta experiência de vida, sem a mínima intenção de ser guru, profeta, adivinho, etc., etc., tenho visto muitas pessoas se darem muito mal, quando ousam persistir em tomarem caminho diverso daquele estabelecido pela natureza e por Esse Poder singular que criou tudo isso, que aí está, não somente para distrair os meus e seus olhos cansados e vez ou outra extasiados.

E mais, quando chega a doença e a hora da morte, todos os pretensos heróis e defensores de pretensas nobres causas, geralmente choram, choram feito crianças!

De modos, que o perseguidor muitas vezes se transforma em perseguido pela própria consciência, a qual, exige reparação justa!

Então, disse Voltaire: (Dicionário Filosófico – Perseguição – século XVI), "quem é então o perseguidor? É aquele cujo orgulho ferido e o fanatismo em furor irritam o príncipe ou os magistrados contra homens inocentes, cujo único crime consiste em não serem da sua opinião", e eu, humildemente, acrescentaria: não seria pior ainda discriminar um homem por causa de sua cor?!

Continua Voltaire: "se os reis não houvessem sido ludibriados, se houvessem previsto que a perseguição produziria cinquenta anos de guerras civis e que a metade da nação seria exterminada pela outra metade, teriam extinto com as sua lágrimas as primeiras fogueiras que deixaram acender...".

Isso em referência a indiferença dos reis ao deixarem pessoas inocentes serem conduzidas as fogueiras sem darem a mínima, preferiram, gozar dos caprichos e dos carinhos de suas amadas!

Muito bem, se um indivíduo é doutrinado a não gostar desse ou daquele povo, dessa ou daquela nação, deveriam pelos menos, instruí-lo a não fazer o mal, a não atrapalhar quando definitivamente não puder ajudar...

Nesse exato momento, tenho em mãos um exemplar do Jornal o Diário de São Paulo, de 30 de Agosto de 2008, justamente na contra-capa do mesmo, onde se lê: "Opinião do Diário!" Não vou transcrever na íntegra referido artigo, vejo um artigo, tratando claramente uma matéria de cunho exclusivista, racista, quando não estúpido, haja vista que no ódio do editor em descrever sua raiva pessoal, introduziu a palavra *racialista,* cuja declinação, dessa forma, não existe. Mas, seguindo adiante, o jornal, teve o disparate de afirmar o seguinte: "...

Mas como os racialistas (?!) estão em pontos-chave do Estado (há que Estado será que ele está referindo-se? Será que é os Estados Unidos? Pois, onde é que no Brasil, algum defensor da raça negra, ocupa postos-chave? Ou no linguajar deles, onde estão os chamados racialistas?!, colocando-se vergonhosamente contra o ESTATUTO DA IGUALDADE RACIAL!, dizendo eles, em discriminação aos brancos.)

Acredito, que o nobre editor, deve estar se referindo a

CONDOLESSA RICE, ou será a antigo comandante da colisão contra o Iraque, COLLIN POWEL, pois aqui no Brasil, o posto mais alto ocupado por um negro que tenho conhecimento, é de: "rei do futebol!"

A polêmica acima, refere-se, principalmente a opinião contrária do jornal, à política de divisão de cotas universitárias , bem como revolta, devido o MEC (Ministério da Educação e Cultura), incluir na grade escolar, algo como por exemplo: a história da África!

Por que esses veículos de comunicação, exibem escancaradamente, matérias, nitidamente favoráveis ao sistema raça especial, como foi a do maluco do Hitler, tão especial era sua raça, que um negro, da chamada raça inferior "deu um baile" no ariano dele.

Mas, por que esses senhores insistem? Porque estão certos de sua impunidade... por quanto tempo tal estado de coisas vai perdurar? Não sei... mas, de algo tenho certeza: TERÁ UM FIM! Obviamente, não verei esse momento, mas, só o fato de saber que um dia, meus netos, bisnetos, etc., poderão viver numa pátria justa, digna, onde possa haver igualdade racial entre todas as raças, estarei feliz onde estiver!

Porém, voltando ao sr. NF, ele prepotente, arrogante, senhor deus, deve ter uma opinião diferente, ou melhor, tem a mesma opinião do Diário, quando se acha no direito de satirizar seus compatriotas de uma etnia diferente, a ponto de satirizar um ex-presidente (no caso Fernando Henrique), quando este, (também brincando) disse, segundo o publicitário: "ter um pé na senzala!" E o moço, partidário daquela outra tese, revoltou-se com o legado.

Seja como for, os fatos são os seguintes: as pessoas, que por direito deveriam as mais indicadas para rirem à socapa do texto do Sr. Neil, ninguém, nenhum deles achou a mínima graça.

Até então, eu estava acreditando ser eu extremamente suscetível ao problema discriminação, mas, muito ao contrário, a minha opinião encontrou eco, entre aqueles seres. De modos que, não tive outra saída, a não ser mais uma vez, pegar as famosas gotículas de água e gotejá-las sobre esse fogo abrasador, o qual, violentamente, ousa consumir todas as esperanças de justiça.

Não podia ser de outra forma, então, protocolei no Ministério Público, denúncia sobre a obra de arte que somente o Sr. Ferreira e a senhora sua mãe devem ter rido o bastante e, é claro também seus assessores. E também, encaminhei documento ao Presidente da República, para que tome conhecimento do que ocorre em algumas camadas da sociedade e pode num futuro não muito distante colocar qualquer governo em xeque.